Les Recettes traditionnelles de nos Grand-Mères

Mamie Jeanne et sa famille en 1933.

Les Recettes traditionnelles de nos Grand-Mères

Editions Ouest-France
13 rue du Breil, Rennes.

Dans la même collection

Les recettes alsaciennes de Tante Odile,
M.-J. Strich, P. le Merdy

Les recettes auvergnates de Tante Léonie,
J. Batteix, M.-A. Le Goaziou

Les recettes bordelaises de Tante Marthe,
B. du Pontavice, P. le Merdy

Les recettes bourguignonnes de Tante Margot,
G. Fromageot, M.-B. Voy

Les recettes bretonnes de Tante Soizic,
L. le Cunff, P. Le Merdy

Les recettes gasconnes de Tante Pauline,
P. Ebrard-Déceneux, M.-B. Voy

Les recettes normandes de Tante Jeanne,
M. Nouet, M.-B. Voy

Les recettes périgourdines de Tante Célestine,
F. Bonis, M.-B. Voy

Les recettes de poisson de la Mère Charlon,
R. Charlon, P. le Merdy

Couverture :
Parmi les tissus de la couverture tissu « semis personnages »
avec l'aimable autorisation des établissements François Le Villec,
Quimper. Tous droits réservés.

Sommaire

Les soupes

Soupe aux poireaux
(Lauchsupp)

1 litre d'eau chaude,
2 poireaux entiers,
1 échalote,
1 cuillerée à soupe de farine,
sel,
facultatif : 10 centilitres de crème fraîche et 1 jaune d'oeuf.

Les poireaux lavés et coupés en tronçons sont revenus dans l'échalote et le beurre.

Après quelques minutes, saupoudrer l'ensemble de farine et ajouter peu à peu l'eau chaude salée en ne cessant pas de remuer afin d'éviter la formation de grumeaux.

Laisser cuire 20 minutes.

Passer au moulin à légumes.

Les amateurs peuvent y ajouter un mélange crème fraîche et jaune d'oeuf.

Soupe à l'oignon
(Ziewelsupp)

500 grammes d'oignons émincés, bouillon, un peu de farine.

Faire blondir les oignons émincés dans un bon morceau de beurre.

Quand ils ont blondi, les saupoudrer d'un peu de farine que vous laisserez blondir à son tour. Ajoutez le bouillon.

Ne pas saler.

Faire griller des tranches fines de pain dont vous garnirez la soupière, versez-y la soupe à l'oignon et saupoudrer de gruyère râpé.

Potage de mai

3 pommes de terre,
3 carottes,
2 poireaux,
1 coeur de laitue,
quelques feuilles de chou,
250 g de petits pois,
125 g d'oseille,
cerfeuil,
2 l d'eau.

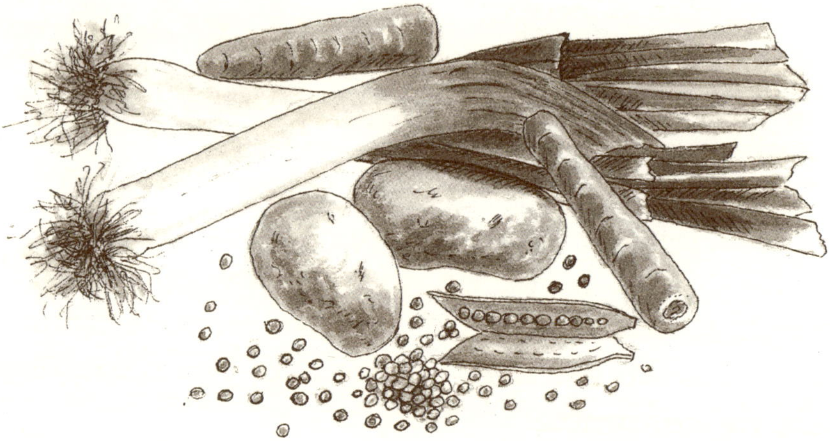

Couper en tranches les pommes de terre, les carottes, les poireaux, l'oseille, le coeur de laitue, les feuilles de chou, les pois frais, du cerfeuil.

Mouiller avec deux litres d'eau chaude salée.

Quand le tout est cuit, passer au moulin. Donner l'épaisseur convenable avec l'eau de cuisson. Poivrer, beurrer au goût.

Crème verte aux fanes de radis

Un morceau de beurre,
les feuilles bien tendres d'une botte de radis roses,
3 ou 4 pommes de terre,
2 l d'eau,
1 cube de bouillon de volaille,
2 jaunes d'oeufs,
1 cuillerée à soupe de fécule,
sel et poivre.

Faire fondre le beurre dans une casserole.

Mettre les fanes de radis lavées à mijoter pendant 15 min. Ajouter les pommes de terre épluchées et coupées en gros morceaux, l'eau bouillante et le cube de concentré.

Au bout de 30 minutes, écraser à la moulinette.

Mélanger dans un bol la fécule avec deux cuillerées d'eau froide, ajouter une louche de soupe.

Remettre dans la casserole, en remuant pour faire épaissir sans bouillir.

Rectifier l'assaisonnement.

Verser dans la soupière sur les deux jaunes d'oeufs.

Tourin blanchi

On fait revenir de l'oignon haché très fin, puis quand il commence à prendre couleur on y ajoute 2 cuillerées de farine qu'il faut avoir soin de bien délayer, sans la laisser roussir.

On y ajoute de l'eau, sel, poivre, on laisse cuire jusqu'à ce que le bouillon épaississe.

On y ajoute alors la valeur d'une tasse à thé de lait, puis on casse deux oeufs bien frais.

On met les blancs dans le bouillon bouillant (sic) et on les y laisse.

On retire la casserole du feu, et quand ça ne bout plus, on délaye les deux jaunes avec un peu de vinaigre ; si ça ne suffit pas pour délayer, on met un peu de bouillon ; on sert tout de suite.

Ce tourin est une variante du tourin bordelais, qui lui comporte de l'ail.

Soupe au Bourgogne

Faire dorer des petits morceaux de pain rassis dans du beurre (l'équivalent d'une bonne tranche de pain par personne).

Battre en omelette 4 oeufs entiers, leur ajouter 1 bouteille de Passe-tout-grain et 2 verres d'eau et verser sur les croûtons.

Faire cuire 15 min. à feu doux en remuant.

Ajouter une cuillerée à soupe de sucre, un peu de cannelle, un peu de safran et servir en soupière.

Cette soupe sucrée peut servir d'entremets pour "réchauffer" un repas froid.

Soupe aux écrevisses

Faites revenir dans de la graisse d'oie quelques blancs de poireaux, deux oignons, une carotte en rondelles avec du sel, poivre et un bouquet garni.

Lorsque les légumes ont pris couleur, saupoudrez d'une cuillerée à soupe de farine, mouillez avec un peu d'eau chaude et versez le tout dans une casserole contenant deux litres d'eau.

Châtrez une douzaine d'écrevisses en arrachant la partie centrale de la queue. Faites-les cuire dans un quart de litre de bon vin blanc doux. Lorsqu'elles sont bien rouges, égouttez-les en conservant le vin de cuisson et épluchez les queues.

Versez le vin de cuisson dans la casserole aux légumes et ajoutez-y les têtes et épluchures des écrevisses écrasées au pilon.

Faites cuire à feu vif pendant 45 minutes.

Passez le bouillon à la passoire, liez sur le feu avec un jaune d'oeuf.

Servez très chaud avec les queues d'écrevisses épluchées et des croûtons frottés d'ail et frits à la graisse.

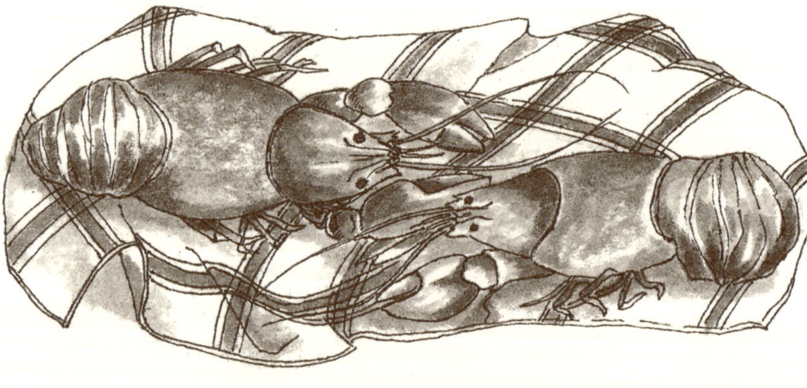

Soupe aux moules

2 litres de petites moules
3/4 de litre de crème
1 litre d'eau
croûtons grillés

Faire ouvrir les moules (bien nettoyées), puis les décortiquer. Réserver les noix dans une casserole.

Ajouter au jus des moules un litre d'eau ainsi que les parures des moules. Faire bouillir doucement 10 min. Passer cette cuisson au chinois et y pocher les noix des moules en évitant l'ébullition. Verser là-dessus la crème bouillante et le beurre. Puis servir sur les croûtons grillés ou sur des crackers écrasés au rouleau.

La soupe au chocolat de mémère Chefresne

Délayer trois bonnes cuillerées de chocolat en poudre dans du lait entier cru.

Chauffer dans une casserole en remuant.

Ajouter une petite louche de crème.

Tailler du pain à soupe dans une soupière.

Verser le chocolat bouillant sur le pain et garder la soupière au chaud près de l'âtre jusqu'à ce que la soupe soit bien trempée.

Inventée spécialement par mémère Chefresne pour ses petits-enfants.

Un délice !

Soupe au potiron

Pour 5 à 6 personnes

1,5 kg de potiron nettoyé
5 pommes de terre
quelques tranches de pain grillé
50 g de beurre
sel, sucre et lait

Couper le potiron en cubes.

Le cuire avec les pommes de terre à l'eau.

Egoutter, écraser et délayer avec du lait jusqu'à onctuosité et souplesse.

Rajouter une pointe de sucre et un peu de sel.

Mettre dans une soupière avec dessus, le pain grillé.

Laisser reposer 10 minutes et servir.

Soupe épaisse de maïs

Préparez un bouillon en faisant cuire dans de l'eau des haricots frais avec un peu de graisse d'oie.

Salez et poivrez largement.

Délayez de la farine de maïs dans un peu d'eau tiède et, lorsqu'elle est bien liée, ajoutez petit à petit de l'eau bouillante salée jusqu'à obtention d'une bouillie bien lisse. Laissez mijoter à feu très doux pendant une heure à une heure et demie.

Lorsque la bouillie est cuite, délayez-la en versant progressivement le bouillon de haricot jusqu'à ce que la soupe ait la consistance d'un potage crémeux.

Ménestra Ayez une queue de bœuf, divisez-la en petits tronçons, en coupant dans les joints, mettez-la dans une casserole avec un œuf de beurre ou de saindoux, une carotte et un oignon en morceaux et une livre de gîte de bœuf, faites dorer le tout sur le feu, ajoutez une grande cuillerée de bouillon, autant de vin blanc, faites réduire à jus ou à glace; ajoutez-y 4 litres de petit bouillon et d'eau, faites bouillir, écumez, joignez-y les légumes comme pour le pot-au-feu et un bouquet garni, assaisonnez modérément pour commencer et faites mijoter 5 à 6 h ; dégraissez le consommé, passez-le à l'étamine, remettez sur le feu, ajoutez-y (pour 2 litres de potage) 4 cuillerées de macédoine de légumes et autant de chair de queue de bœuf, une prise de poivre de piment, et versez chaudement dans la soupière contenant 2 cuillerées de bon madère.

Soupe à l'oseille

C'est le potage de printemps par excellence, quand on a de l'oseille fraîche à feuilles tendres, dans le jardin, ou quand on en trouve au marché, auprès des petits marchands qui apportent ce qui pousse dans leur potager.

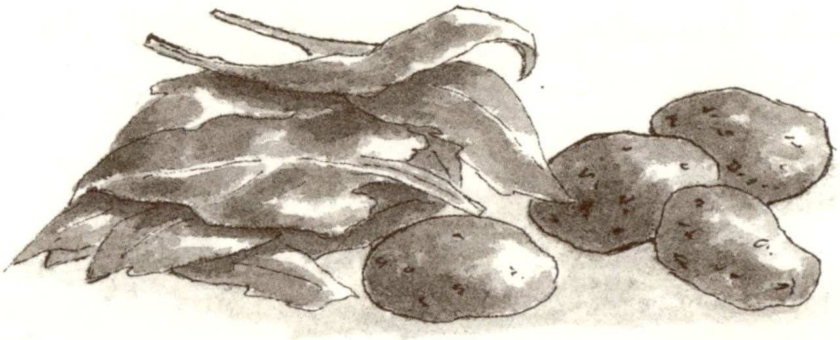

Prendre une bonne poignée de feuilles d'oseille et les faire fondre dans une casserole avec un peu de beurre, elles brunissent un peu.

Eplucher 4 grosses pommes de terre et les couper en gros dés, les ajouter à l'oseille fondue.

Verser dessus 1 l d'eau chaude, 1 cuillère à café de sel, couvrir et laisser cuire 20 min. avant d'écraser les pommes de terre, soit au moulin à légumes, soit au mixeur ou plus simplement avec un presse-purée comme faisait ma grand-mère, ou même avec une fourchette.

Ajouter, dans chaque assiette, une cuillerée à café de crème fraîche qui a la double vertu d'adoucir l'acidité de l'oseille et de refroidir la soupe.

Avec ces proportions on obtient 3 ou 4 assiettes.

La soupe au vin blanc et à la cannelle

2,5 dl de bon vin blanc de Bourgogne,
2,5 dl de bouillon de poule,
4 dl de crème,
3 jaunes d'oeufs,
1 pincée de cannelle en poudre et 1 pincée de muscade râpée,
4 petites tranches de pain de mie et 30 g de beurre,
sel et poivre selon le goût de chacun.

Mettre le bouillon de poule dans une casserole et ajouter le vin et les 3/4 de la crème, sel et poivre et porter à ébullition.

Battre au fouet le reste de crème avec les jaunes d'oeufs. En tournant sans arrêt, verser progressivement, sur les oeufs et la crème, le bouillon chaud.

Laisser mijoter le tout à feu doux, sans jamais atteindre l'ébullition, en tournant avec une cuillère en bois, jusqu'à léger épaississement.

Ajouter cannelle et muscade.

Couper les tranches de pain de mie en petits dés et les faire dorer au beurre dans une poêle.

Verser la soupe sur les petits croûtons. Il y en aura pour 4 assiettes ou pour plus de personnes si on la sert en tasses, comme d'ailleurs la recette suivante.

Soupe à l'ail

Faites revenir 8 gousses d'ail dans un peu de graisse d'oie en veillant à ne pas les laisser roussir.

Mouillez avec un litre et demi d'eau froide, salez et ajoutez un piment rouge.

Laissez bouillir doucement puis passez le bouillon et ajoutez-lui une cuillère à soupe de vinaigre de vin. Remettez la casserole sur feu doux et faites pocher 5 oeufs dans le bouillon. Servez sur des croûtons frits dans la graisse d'oie.

Tourin à la tomate

Faites revenir dans un peu de graisse de canard des oignons émincés et des gousses d'ail. Ajoutez des tomates pelées et laissez cuire quelques minutes.

Ajoutez du bouillon de volaille ou de veau, salez, poivrez, puis liez avec 3 jaunes d'œufs.

Servez brûlant.

On peut ajouter à cette soupe du vermicelle ou des croûtons frits à la graisse.

Soupe au basilic

Cette soupe est un grand classique du sud de la France. Elle est surtout connue sous sa forme provençale de «soupe au pistou», mais elle ne figure pas moins dans le patrimoine culinaire des Gascons.

Coupez en petits morceaux quelques pommes de terre, deux navets, un verre de haricots frais et autant de haricots verts. N'oubliez pas une petite branche de céleri. Faites bouillir le tout dans trois ou quatre litres d'eau.

En cours de cuisson, ajoutez une livre de tomates (sans les graines) coupées en quartiers. Salez et poivrez.

Après trois quarts d'heure de cuisson, versez dans la soupe deux bons verres de vermicelle. Pendant la cuisson, écrasez une gousse d'ail dans un peu d'huile d'olive versée progressivement et ajoutez quelques bonnes pincées de basilic haché. Délayez dans une ou deux cuillères de bouillon brûlant et versez cette sauce dans la soupe.

Laissez cuire encore un peu en remuant, puis servez très chaud.

Soupe d'asperges

500 grammes de pointes d'asperges,
50 grammes de beurre,
50 grammes de farine,
1,5 litre de bouillon de boeuf,
2 jaunes d'œufs,
10 centilitres de crème fraîche.

Avec le beurre et la farine faire un roux blond. Mouiller avec le bouillon chaud. Laisser cuire avec les pointes d'asperges pendant 30 minutes.

Lier la crème et les jaunes d'œufs et disposer cet appareil dans le fond de la soupière.

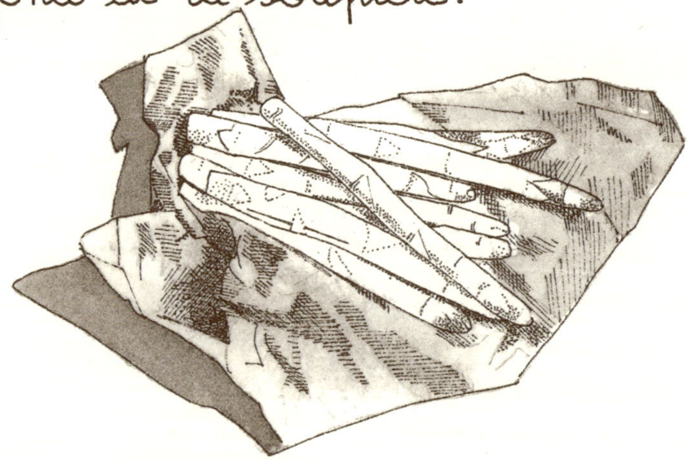

Crème de laitue

1 laitue,
400 g de pommes de terre,
3 cuillerées de tapioca,
1 jaune d'oeuf,
3 cuillerées de crème fraîche,
30 g de beurre.

Mettre les pommes de terre à cuire dans 1,5 l d'eau salée.

Faire fondre le beurre dans la poêle pour y faire revenir la laitue. L'ajouter aux pommes de terre.

Faire cuire une demi-heure. Passer au tamis.

Remettre sur le feu et verser le tapioca en pluie. Faire bouillir pendant 5 mn. Poivrer.

Lier le jaune d'oeuf à la crème et ajouter cette liaison dans la crème de laitue chaude au moment de servir.

Soupe aux haricots,

dite surtout « Potage à la bretonne »

750 g de haricots blancs,
500 g de poireaux,
sel, poivre,
ail,
laurier,
thym,
cerfeuil ou persil,
beurre demi-sel.

Les haricots seront mis à tremper la veille.

Couper les poireaux, les faire revenir au beurre.

Faire cuire les haricots dans 3 litres d'eau avec laurier, thym et ail.

Mélanger le tout et laisser mijoter 2 h 30. Mettre à feu vif jusqu'à bouillonnement.

Saler, poivrer. Ajouter cerfeuil ou persil finement haché et un bon morceau de beurre.

Servir sur des lèches de pain de seigle ou des croûtons frits.

Soupe de congre

Ayant préparé votre congre, découpez-le en tranches et faites revenir ces tranches dans une casserole ou mieux, dans une marmite de fonte avec du beurre ou de l'huile, quelques oignons, de la tomate et un bouquet garni.

Ecrasez le tout, puis passez à la moulinette. Ajoutez de l'eau chaude, du sel, du poivre et laissez bouillir 40 min.

Servez sur des croûtons frits.

Soupe grasse de carcasse

1 carcasse de canard ou d'oie,
1 bol de haricots secs,
2 oignons,
1/2 céleri-rave,
3 carottes,
1 navet,
3 pommes de terre,
3 poireaux,
3 branches de céleri,
1 petit chou pommé,
4 clous de girofle,
2 feuilles de laurier,
sel,
des tranches fines de pain de campagne,
3 l d'eau.

Dans un grand pot à soupe, déposer la carcasse, les haricots, les oignons cloutés de girofle, le laurier.

Recouvrir d'eau froide. Porter à ébullition, saler, baisser le feu et laisser frémir 2 h.

Eplucher les légumes, sauf le chou, les couper en gros morceaux, les plonger dans le bouillon.

Nettoyer le chou, le couper en quatre, le blanchir 5 min et l'ajouter à la soupe.

Laisser cuire une petite heure.

Tailler de fines tranches de pain, les mettre dans la soupière.

Verser dessus des légumes et du bouillon.

Soupe maraîchère

1 os de veau,
6 carottes,
3 navets,
3 poireaux,
deux poignées de haricots verts,
1 courgette,
3 branches de céleri,
3 pommes de terre,
1 oignon,
4 tomates,
2 cuillerées d'huile,
cerfeuil, sel.

Mettre l'os de veau à l'eau froide dans un faitout. Faire bouillir et écumer. Saler.

Après 1 h d'ébullition, ajouter les légumes épluchés, lavés et coupés en petits morceaux, sauf les tomates.

Continuer la cuisson encore 30 min.

Faire revenir 10 min. dans une poêle avec deux cuillerées d'huile les tomates pelées, épépinées et concassées. Les ajouter au bouillon pour 15 min.

Mouliner les légumes.

Verser dans la soupière.

Parsemer de pluches de cerfeuil.

Soupe auvergnate

pour 6 personnes, à préparer la veille

1,5 kg de palette de porc demi-sel, 150 g de lard maigre, 1 gros chou, 500 g de pommes de terre, 1 gros oignon, 2 clous de girofle, 2 ou 3 tranches de pain.

Dessaler la viande dans l'eau froide toute la nuit. La placer dans un grand pot-au-feu et faire cuire une heure et demie en écumant de temps en temps.

Eplucher les pommes de terre. Bien rincer le chou. Piquer l'oignon avec les 2 clous de girofle. Ajouter le tout ainsi que le lard et la viande et laisser encore une heure et demie

Couper un peu de pain sec dans une soupière et verser dessus les légumes et le bouillon de pot-au-feu.

Emietter la palette sur la soupe, avant de servir.

Les hors-d'oeuvre et les salades

Toasts grillés à la moutarde

Tartiner des tranches de pain de mie d'une fine couche de rillettes. Poser dessus du jambon blanc puis une couche de moutarde forte de Dijon mélangée à la chapelure ou biscotte écrasée.

Mettre par-dessus une noisette de beurre ; déposer les toasts dans un plat à gratin et les passer à four chaud quelques minutes.

Tarte dijonnaise

Sur une pâte brisée non cuite, mise dans un moule à tarte, étaler généreusement de la moutarde.

Couper en rondelles des tomates pas trop juteuses et les disposer en rangs concentriques sur la moutarde.

Ajouter du fromage de Comté râpé sur les tomates.

Arroser d'un peu d'huile d'olive, très peu de sel, un peu de poivre.

Mettre cuire 30 min. dans un four préchauffé à thermostat 8 (240°).

Inattendu

Prenez des betteraves rouges, râpez-les finement, incorporez-y une vinaigrette bien relevée, tassez bien et laissez égoutter.

Beurrez un moule à savarin, remplissez de purée de betteraves et laissez prendre une heure environ.

Démoulez sur un plat, disposez au milieu une mayonnaise bien dure, décorez le plat avec des oeufs durs, du persil, etc.

Croquettes

Prenez 1 livre de haricots secs cuits et passés au moulin, 1 ou 2 pommes de terre cuites et passées au tamis, 2 oignons hachés, persil haché, quelques morceaux de jambon ou de lard.

Assaisonnez.

Ajoutez une tasse de chapelure et 2 oeufs entiers.

Roulez en croquettes et faites frire.

Flan aux rillettes

150 g de rillettes,
5 blancs de poireaux,
3 oignons,
2 cuillerées de graisse,
2 cuillerées d'amandes en poudre,
50 g de mie de pain,
3 oeufs,
sel, poivre,
muscade,
1 verre de vin blanc,
1 verre de lait.

Faire revenir dans la graisse les oignons émincés et les tronçons de poireaux. Saler, poivrer.

Mélanger la poudre d'amandes et le lait, verser sur les légumes, mélanger pendant 20 min.

Ajouter la mie de pain.

Etaler à la fourchette les rillettes au fond d'une tourtière, recouvrir de la crème de légumes.

Battre les oeufs avec le vin blanc, la muscade, le sel, le poivre.

Verser dans la tourtière et mettre 40 min à four chaud (th. 7).

Flan au jambon
(Eierstech)

L'Alsacien est particulièrement friand de préparations à base de flan. Voici la recette très simple d'un flan au jambon qui rencontre toujours un beau succès.

Compter 1 oeuf par personne,
30 grammes de jambon,
4 cuillerées de lait,
muscade, sel, poivre.

Battre comme pour une omelette les oeufs et le lait. Incorporer le jambon coupé en lamelles. Saler, poivrer. Ne pas oublier la muscade!

Verser la préparation dans un plat allant au four et cuire au bain-marie le temps que le flan ait pris.

Cornets de jambon

6 tranches d'épaisseur moyenne,
2 carottes,
1 navet,
une poignée de petits pois,
une poignée de haricots verts,
1 bol de mayonnaise,
ciboulette, estragon,
sel,
quelques feuilles de laitue.

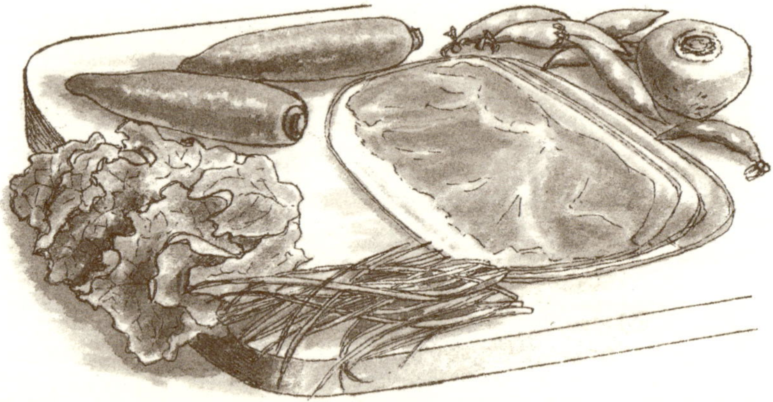

Couper en petits dés les légumes épluchés, les faire cuire 30 min dans de l'eau chaude salée, les égoutter, les laisser refroidir. Les mélanger à la mayonnaise.

En tartiner chaque tranche de jambon posée à plat, la rouler en cornet.

Hacher de la ciboulette et de l'estragon.

Décorer avec des feuilles de salade.

Mousse de jambon

Voici la recette de la mousse de jambon.
Pour 6 personnes.

Piler au mortier (moi, j'ai passé deux fois de suite à la moulinette) 200 g de jambon cuit. Ajouter peu à peu une cuillerée de béchamel, un peu de poivre (j'ai mis aussi une pointe de paprika) puis 1/2 l de gelée encore liquide et enfin 2 dl de crème fouettée (moi je ne l'ai pas fouettée mais ça fait sans doute moins léger).

Mettre au réfrigérateur pendant quelques minutes un moule tapissé de gelée encore liquide. Quand elle est presque prise, verser la mousse de jambon dans le moule.

Remettre à glacer et servir démoulé.

Voilà, ma chère Thérèse, une façon de plus de faire valoir vos talents de fin cordon - bleu.

En ce moment, je me lance dans la pâtisserie mais je dois dire que je ne vous arrive pas encore à la cheville.

Renée.

Cette recette était copiée sur une carte postale non datée trouvée dans le cahier.

Tarte flambée
(Flammeküeche)

500 grammes de pâte à pain,
250 grammes de fromage blanc (ou 40 cl de crème fraîche épaisse),
2 jaunes d'oeufs,
15 grammes d'huile,
100 grammes d'oignons émincés et revenus dans le beurre,
80 grammes de lardons hachés très fins,
sel, poivre, muscade.

Etendre en une couche très mince la pâte à pain.

Y disposer le mélange des différents ingrédients cités plus haut.

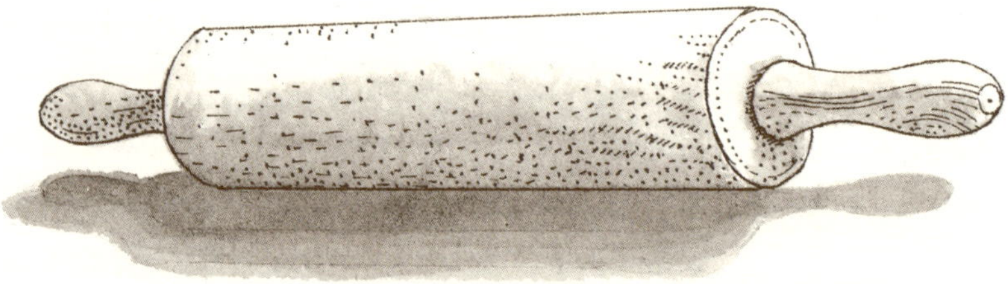

La tradition voudrait que la cuisson se fasse dans le four du boulanger..., nous nous contenterons d'un simple four très chaud (thermostat maximum) pendant 10 minutes.

Tarte à l'oignon
(Zieweltort)

800 grammes d'oignons, 3 œufs,
25 centilitres de crème fraîche.

Préparer une pâte brisée. Eplucher les oignons et les émincer. Les faire réduire à feu très doux pendant 2 heures environ. Les saler et les poivrer.

Foncer une tourtière avec la pâte brisée.

Mélanger 3 œufs à la purée d'oignons en y ajoutant la crème fraîche.

Vérifier si c'est assez salé et poivré. Verser sur la pâte brisée.

Cuire à four chaud pendant 40 minutes.

Tarte de carottes à la menthe

1 abaisse de pâte à tarte,
6 carottes,
10 tiges de menthe fraîche,
3 oeufs,
1 cuillerée de farine,
50 cl de lait,
sel, poivre.

Râper les carottes, les poser sur la pâte dans un moule à tarte, saupoudrer de sel fin.

Battre les oeufs avec la farine, le lait, du sel et du poivre, verser sur les carottes.

Mettre au four (th. 7) 40 min.

Parsemer avec la menthe hachée.

Servir tiède ou froid.

Tourte à la poule

300 grammes de pâte brisée,
200 grammes de pâte feuilletée,
100 grammes de beurre,
500 grammes de poule cuite,
50 grammes de beurre,
1 bol de lait, 10 centilitres de crème fraîche, 2 oeufs,
1 jaune d'oeuf pour dorer,
estragon, sel, poivre,
100 grammes de champignons.

Abaisser la pâte brisée et foncer une tourtière. Dans une poêle, faire revenir les champignons et la viande de poule cuite hachée. A part, faire fondre le beurre et y incorporer la farine que l'on mouillera de lait chaud.

Incorporer la crème, l'estragon, le sel, le poivre et les oeufs battus à cette sauce blanche.

Verser cet appareil dans la tourtière et recouvrir de pâte feuilletée. Faire une cheminée et dorer à l'oeuf.

Enfourner 30 minutes à thermostat 8.

Pain de thon

Le contenu d'une boîte de miettes de thon à l'huile de 250g, 2 pommes de terre moyennes cuites à l'eau et épluchées, 2 oeufs durs.

Broyer le tout au hachoir mécanique, ajouter un peu de sel et de poivre et une cuillerée à café de vinaigre. Bien malaxer puis tasser dans un bol ordinaire.

Faire d'autre part une mayonnaise.

Avant de servir, garnir un plat de feuilles de laitue et de tranches de tomates, démouler la préparation.

La recouvrir de mayonnaise et demander aux convives de deviner la composition.

Pain de champignons

500 g de chanterelles,
500 g d'oignons,
250 g de matière grasse végétale,
pain rassis (la valeur d'un petit saladier),
2 verres de lait,
3 oeufs,
sel, poivre,
épices,
herbes (ciboulette, persil).

Eplucher les oignons, les émincer, les faire revenir dans la matière grasse environ 30 min, ajouter les champignons lavés, le pain rassis trempé dans le lait, le sel, le poivre, les épices et les herbes et faire mijoter encore 20 min.

Mixer en ajoutant les deux oeufs.

Cuire 30 min (th. 6) dans un moule à cake beurré. Servir tiède ou froid.

(Recette d'Isabelle Bureau).

Escargots aux cèpes et aux noix

pour 10 personnes

10 douzaines d'escargots
600 g de cèpes
250 g de beurre d'escargot
20 cl de vin blanc sec
60 cl de crème fraîche
150 g de noix concassées
5 cl de cognac
1 cl d'anis
sel, poivre et muscade

Flamber les escargots avec le cognac et l'anis.

Hacher les cèpes et les faire rissoler à l'huile dans une sauteuse. A feu doux, y incorporer les escargots, le beurre d'escargot et le vin blanc.

Laisser réduire et ajouter la crème fraîche.

Laisser épaissir, assaisonner et ajouter les noix concassées.

Servir dans des petits poêlons bien chauds ou dans une croustade feuilletée.

Recette transmise par Mauricette Cayron de Montsalvy

Galette d'escargots aux herbes avec une vinaigrette de ciste

pour 6 personnes

40 escargots, 200 g de pâte brisée, 80 g de lardons salé, 100 g de crème, 200 g de poireaux, 150 g de girolles, 2 échalotes, 50 g d'ail haché, 1 jus de citron, 1 bouquet de ciste*, huile d'olive, huile de pépins de raisins, anis vert, pastis et herbes.

Abaisser finement la pâte brisée, la parsemer d'anis vert. Détailler 4 disques de 12 cm de diamètre. Les cuire au four à 180°, jusqu'à coloration.

Emincer les herbes, les faire revenir dans du beurre, ajouter les lardons, puis lier avec la crème, assaisonner et réserver.

Trier et laver les girolles. Les poêler avec du beurre et des échalotes. Assaisonner et réserver.

Poêler les escargots avec de l'ail haché, assaisonner et flamber au pastis. Mixer avec la ciste, le jus de citron, les huiles, assaisonner et réserver.

Dans une assiette, déposer un disque de pâte brisée, napper de crème d'herbes ; dresser les escargots puis les girolles au centre et verser la vinaigrette.

* la ciste est une herbe qui ressemble au fenouil sauvage.

Grenouilles à la façon du vigneron des coteaux des Dallet

préparation : 5 mn
cuisson : 10 mn

par personne, prévoir :

12 cuisses de grenouilles
2 échalotes
2 cuillerées à bouche de crème fraîche
1 verre de vin de paille
sel et poivre

Faire raidir et colorer les cuisses de grenouilles dans du beurre dans un plat à sauter.

Ajouter les échalotes finement hachées et déglacer avec le vin de paille (ou du ratafia).

Laisser légèrement réduire puis ajouter 2 cuillerées de crème fraîche et les raisins secs.

Assaisonner et servir dans le plat à sauter.

Oeufs frits au vin

Faites chauffer dans une casserole deux bons verres de vin rouge pendant cinq à dix minutes.

Pendant ce temps, dans une poêle, faites revenir à la graisse d'oie quatre oignons émincés et autant de petites rondelles de blanc de poireaux.

Saupoudrez d'une cuillerée de sucre en poudre puis d'une cuillerée de farine. Remuez avec une cuillère en bois.

Lorsque le mélange a pris couleur, versez-y doucement le vin cuit et un demi-verre de bouillon de volaille ou de jarret de veau. Ajoutez un bouquet garni avec un clou de girofle et laissez mijoter à feu très doux pendant une heure.

Dans une autre poêle, faites frire les oeufs dans de la graisse puis disposez-les sur des tranches de pain grillées et frottées d'ail. Versez autour la sauce au vin passée dont vous aurez retiré le bouquet garni.

Omelette aux poivrons

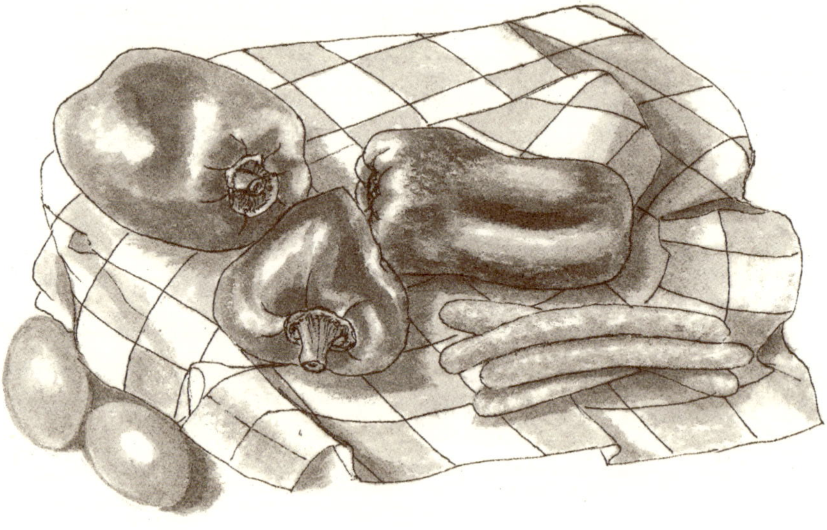

Ouvrez les poivrons et retirez l'intérieur.
Coupez-les en lamelles et faites-les revenir dans de la graisse avec un peu d'ail, quelques oignons et un petit piment fort. Ajoutez des tomates pelées, du sel, du poivre et laissez mijoter doucement pendant une demi-heure.
Incorporez alors un peu de persil haché, des dés de jambon du pays et les oeufs battus.
Laissez cuire et servez chaud.

Omelette aux artichauts

Couper en tranches très fines, ou en petits dés, des fonds d'artichaut, cuits ; les faire revenir légèrement au beurre.

Assaisonner.

Battre les oeufs en omelette.

Faire cuire à la poêle et placer, au moment de plier, vos fonds d'artichaut en y ajoutant un peu de persil ou de ciboulette. Il n'est pas interdit d'utiliser un peu de sauce tomate préparée à la maison.

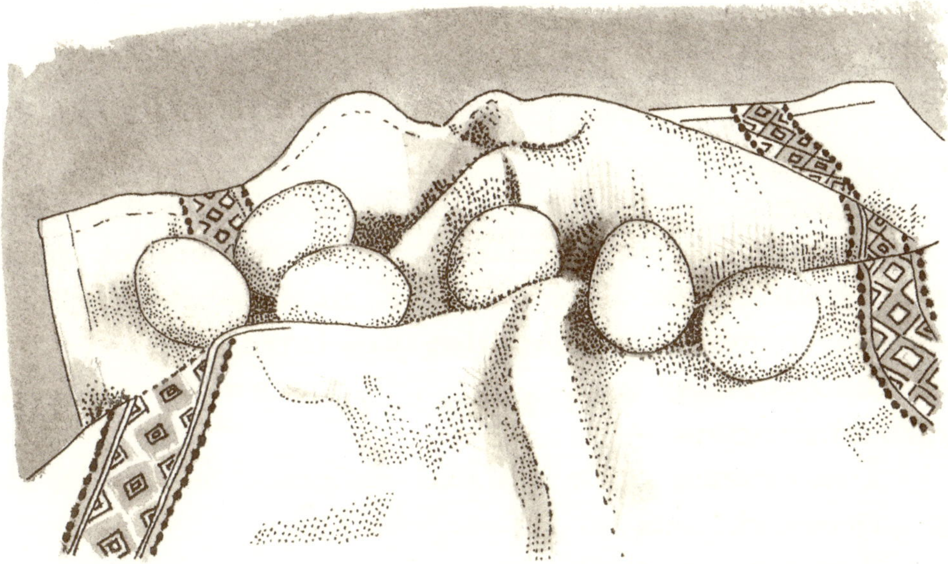

Foie de canard aux raisins

1 foie frais de 500 g,
3 cuillerées de graisse,
1 grappe de raisins blancs,
1/2 verre de vin blanc doux,
6 toasts,
farine,
sel, poivre.

Peler et épépiner les raisins.

Escaloper le foie en six jolies tranches, les fariner légèrement.

Passer à la poêle dans la graisse les tranches de pain. Les réserver au chaud sur un plat. Les remplacer par les escalopes de foie, les saisir à feu vif 3 min de chaque côté, les saler, les poivrer.

Déglacer la poêle avec le vin blanc, y pocher les raisins 5 min.

Les mettre au centre du foie.

Arroser avec le jus de la poêle.

Servir aussitôt.

Salade de rosés des prés au foie gras frais

pour 6 personnes

500 g de rosés des prés
80 g de foie gras frais
50 g de crème fraîche
1 citron
sel et poivre

Laver les champignons, les couper en fines lamelles dans un saladier, en arrosant d'un jus de citron pour empêcher qu'ils ne noircissent.

Mélanger crème, sel, poivre et foie gras coupé en dés.

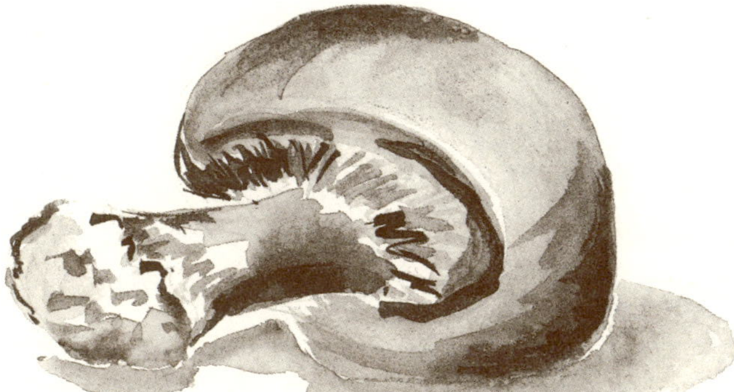

Préparer cette salade 15 minutes avant de la manger.

Salade de cervelas

Parmi le grand choix de terrines, pâtés, saucisses, pâtés en croûte qu'offre la charcuterie alsacienne, le cervelas qui doit son nom à la cervelle de porc qui entre dans sa composition, est une salaison épicée qui s'accommode très bien en salade.

Pour 6 personnes :

6 cervelas, 1 oignon moyen, échalotes, ciboulette, sel, poivre, vinaigre, huile.

Retirer la peau des cervelas, les couper en rondelles. Composer une vinaigrette à base de moutarde, avec les échalotes coupées finement, la ciboulette à volonté.

Servir à part ou avec la salade de pommes de terre.

Salade de bœuf aux pommes de terre

Pour utiliser des restes de pot-au-feu.

Coupez les morceaux de viande en petits dés. Faites cuire 4 ou 5 pommes de terre en robe des champs. Pelez-les encore chaudes, coupez-les en rondelles, ajoutez la viande, des échalotes ciselées, huile et vinaigre, sel et poivre.

Mélangez bien pour que les pommes de terre absorbent la vinaigrette.

N'oubliez pas les fines herbes du jardin.

Salade d'hiver du Pont du Château

pour 6 personnes, préparation 10 mn

500 g d'endives du jardin
3 pommes reinette
1 betterave crue
3 cuillerées d'huile de noix
1 cuillerée de vinaigre de vin
6 cerneaux de noix
sel et poivre

Couper les endives en bâtonnets de 5 cm environ.

Eplucher et détailler en tranches minces les pommes et la betterave crues.

Assaisonner avec l'huile, le vinaigre, le sel et le poivre.

Bien mélanger et décorer en posant dessus les cerneaux de noix.

Salade de pissenlits au lard

200 g de pissenlits
100 g de lard de poitrine demi-sel
3 cuillerées à soupe d'huile de noix
1 cuillerée à soupe de vinaigre de vin
1 gousse d'ail
1 oeuf dur
croûtons, sel et poivre

Trier et laver les pissenlits.

Frotter les croûtons à l'ail et les faire griller.

Blanchir le lard coupé en petits dés, puis le faire rissoler dans un peu de saindoux ou de beurre.

Faire la vinaigrette avec l'huile de noix, le vinaigre, le sel et le poivre.

Rajouter les pissenlits, les lardons, l'oeuf dur légèrement haché, puis mélanger.

On peut aussi rajouter quelques morceaux de bleu d'Auvergne et aussi un reste de petit salé froid.

Recette de Gérard Faure de Vic-le-Comte

Salade de cèpes aux châtaignes flambées

pour 4 personnes

500 g de cèpes
150 g de mélange de salades
1 pomme reinette
50 g de lardons
16 châtaignes cuites et pelées
50 g d'eau-de-vie de poire
sel, poivre, beurre salé
estragon, persil et ciboulette

Trier, laver et essorer les salades.

Eplucher les herbes, les ajouter au mélange de salades et réserver.

Trier et essuyer les cèpes, les émincer et réserver.

Laver et couper les pommes en tranches.

Cuire les cèpes dans une poêle avec les lardons et le beurre salé. A mi-cuisson, ajouter les châtaignes et les tranches de pomme.

Flamber avec l'alcool de poire et ajouter une noix de beurre.

Dans une assiette, dresser le mélange de salades et d'herbes, assaisonner avec la vinaigrette à l'huile de noix.

Dresser dessus les cèpes, châtaignes et pomme.

Salade paysanne

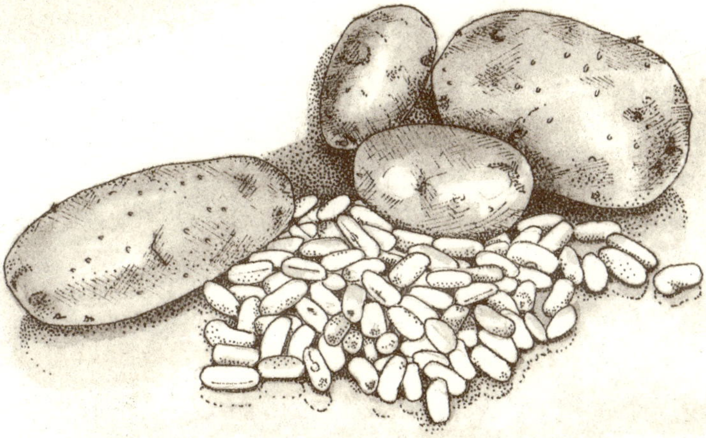

Se compose de pommes de terre cuites à l'eau, puis épluchées et coupées en rondelles; de haricots également cuits à l'eau; ensuite les filets d'un ou deux harengs saurs marinés à l'huile dont on aura soigneusement ôté les arêtes (les filets coupés moins long que le petit doigt); puis hachez un petit oignon, 2 ciboules, 2 échalotes et 1 cuillerée à potage de cerfeuil; assaisonnez d'huile, de vinaigre, 1 cuillerée à café de moutarde, sel, et poivre.

Salade de capucines à la Marie-Louise

Cueillez deux bonnes poignées de jeunes fleurs de capucines avec leurs boutons.

Coupez en très fines tranches une gousse d'ail.

Épluchez une belle laitue sucrine et détaillez les plus belles feuilles en minces lanières.

Découpez en petits dés deux tranches de ventrèche (poitrine de porc) et mettez à dorer à la poêle dans un peu d'huile.

Salez, poivrez et déglacez avec deux bonnes cuillerées à soupe d'un vinaigre de vin vieux ou, éventuellement, de framboise.

Disposez dans un saladier les feuilles de laitue, les fleurs et les boutons de capucines.

Juste avant de servir, jetez dessus les lardons bien dorés et leurs jus chauds.

<u>Variante :</u> Certains remplacent l'ail par des croûtons dorés à la graisse fine et frottés d'ail.

Les coquillages, les crustacés et les poissons

Coques au jus

2 l de coques,
100 g de beurre,
un petit bol de mie de pain rassis émiettée,
3 échalotes,
cives et ciboulette,
persil,
1 verre de vin blanc ou de cidre,
poivre.

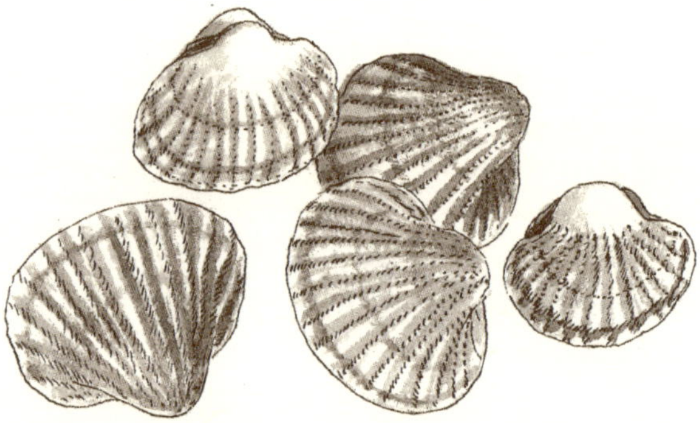

Laver les coques en les brassant dans plusieurs eaux, afin d'enlever le sable. Les mettre dans une grande casserole avec le vin ou le cidre, les échalotes hachées, la mie de pain, le poivre et le persil.

Les faire ouvrir à feu vif quelques minutes seulement.

Ajouter le beurre en remuant bien pour le faire fondre dans le jus.

Saupoudrer de fines herbes hachées.

Servir avec de grosses tranches de pain de campagne grillé.

Palourdes farcies

Préparer un hachis d'échalotes, de persil, de cerfeuil et de ciboulette. Mélanger ce hachis avec du beurre salé très frais.

Faites ouvrir vos palourdes à feu vif dans une casserole ou une poêle avec un peu de muscadet. Les retirer du feu.

Enlever l'une des coques et garnir l'autre, celle qui contient la chair, d'une noix de farce. Saupoudrer d'une pincée de gruyère ou de chapelure. Passer au four très chaud pendant 4 à 5 min.

Servir immédiatement.

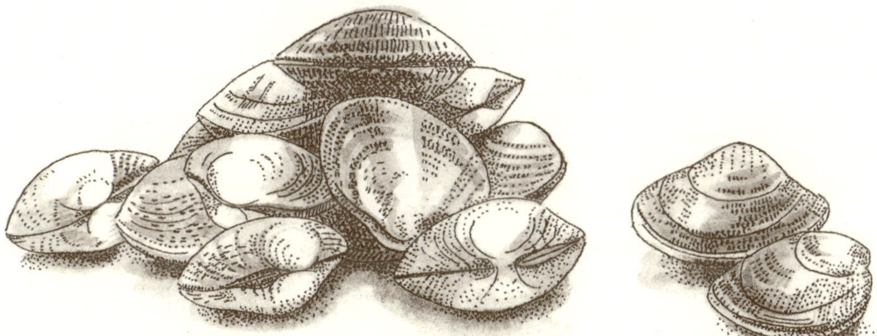

Huîtres farcies aux amandes

Ouvrir les huîtres, pocher les chairs avec leur eau que l'on aura préalablement passée à l'étamine.

Lier ; ajouter du beurre et des amandes pilées.

Replacer les huîtres dans la valve creuse de la coquille. Napper et saupoudrer d'amandes effilées.

Gratiner à four chaud.

Brochettes de fruits de mer

Enfiler sur les brochettes des morceaux de coquille Saint-Jacques fraîche, des queues de langoustine, des grosses moules alternant avec de petits morceaux de fenouil sauvage, de tomate et d'oignon. On peut également introduire quelques petits carrés de lard fumé.

Il ne reste qu'à faire cuire.

Brochettes d'huîtres

Ouvrir les huîtres, les sortir de leurs coquilles, les égoutter, enrouler chacune d'elles dans une tranche très fine de lard fumé. Embrocher les huîtres, badigeonner d'huile.

Faire griller et servir bien chaud après avoir saupoudré de poivre de Cayenne.

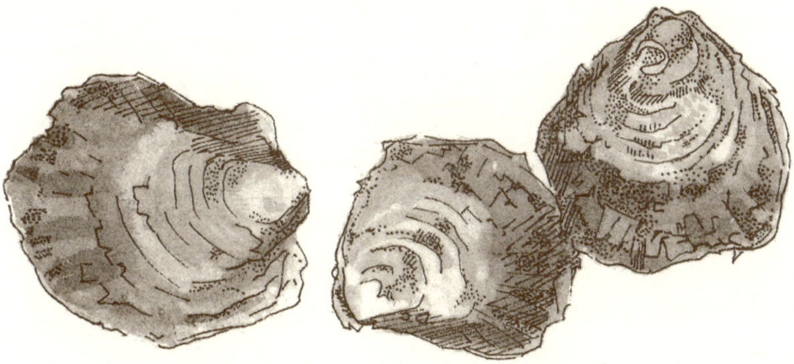

Coquilles saint-jacques gratinées

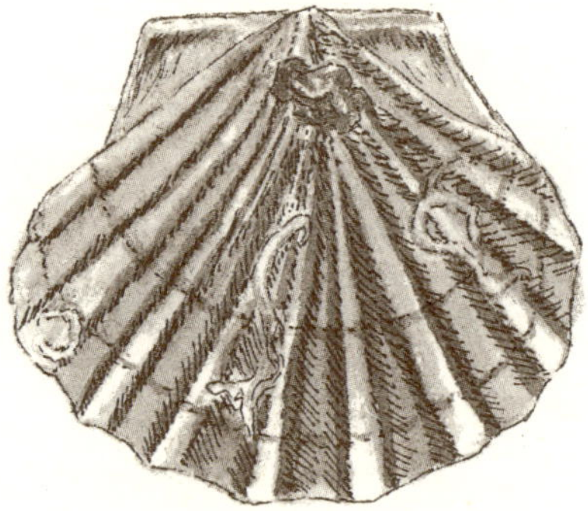

Pour 8 coquilles :

40 g de beurre,
250 g de champignons,
1 verre d'eau,
2 échalotes,
1/2 citron,
chapelure, sel, poivre.

La sauce :

1 cuillerée bombée de farine, 30 g de beurre, 1/4 l de liquide (jus de cuisson des coquilles et des champignons + eau), 1 jaune d'oeuf, sel.

Ne gardez que la chair et le corail des coquilles. Mettez-les dans une casserole avec un peu de jus de citron et d'eau, les échalotes hachées, le sel et le poivre.

Couvrez, portez doucement à ébullition, laissez mijoter 8 mn, égouttez en conservant le jus de cuisson. Coupez les chairs en petits morceaux. Coupez les champignons en lamelles. Faites-les cuire sur feu doux 5 mn avec une noix de beurre et le reste du jus de citron, sel, poivre et 1 cuillerée à soupe d'eau. Passez le jus à travers une passoire.

La sauce : mélangez sur feu doux le beurre juste fondu et la farine, ajoutez les deux jus de cuisson allongés d'eau si nécessaire. Remuez jusqu'à ébullition. Laissez mijoter 5 mn.

Incorporez le jaune d'oeuf hors du feu.

Emplissez les coquilles avec les chairs, le corail, les champignons et la sauce. Parsemez de chapelure, d'une noix de beurre et mettez dans le haut du four très chaud pour gratiner.

Coquilles Saint-Jacques à la Carnacoise

Pour 4 personnes :

12 coquilles, 2 oignons, beurre, sel, poivre, 1 verre de vin blanc, 1 oeuf dur, 1 tranche de pain blanc grillé et transformé en chapelure.

Réserver le muscle et le corail de vos coquilles. Dans un petit poêlon, faire blondir les oignons émincés avec du beurre salé. Y ajouter les collerettes après les avoir bien lavées et grossièrement hachées avec une paire de ciseaux. Avant que le mélange ait pris couleur, mouiller avec un verre de muscadet (ou de gros plant) et un verre d'eau. Poivrer légèrement, sans ajouter aucun aromate. Laisser cuire à découvert pour que le bouillon réduise un peu, avant d'y pocher muscles et coraux. Epaissir avec la chapelure et l'oeuf dur écrasé. On fera ensuite gratiner, soit dans les coquilles, soit dans un poêlon, avec quelques noix de beurre.

Servir très chaud.

(Recette de Mme Le Martelot, Saint-Colomban-en-Carnac, communiquée par Mme J. Gudin.)

Moules en brochettes

Faire ouvrir les moules, les sortir de leurs coquilles, les embrocher sur une aiguille mince en faisant alterner du bacon des quartiers de tomate, des tranches d'oignon et des morceaux de poivron.

Passer au gril.

Servir bien chaud en saupoudrant de Cayenne.

Moules grillées

Faire ouvrir les moules avec un peu de muscadet, conserver la cuisson, la passer et mettre dans un plat en terre.

Préparer un beurre d'escargot avec ail, persil, échalote. Enlever l'une des valves de chaque moule. Mettre sur celle qui conserve la chair une noix de beurre d'escargot, disposer dans le plat et passer au four très chaud quelques instants. Servir brûlant.

Moules saint-jacques

2 l de moules,
1 verre de vin blanc,
125 g de champignons,
beurre, crème fraîche, farine,
1 tomate,
1 oignon.

Bien laver et gratter de grosses moules, les faire ouvrir dans une casserole avec un verre de vin blanc pour 2 litres de moules. Les faire ouvrir à feu vif quelques minutes.

Enlever et jeter les coquilles.

Répartir les moules dans des coquilles de saint-jacques.

Faire un roux avec 30 g de beurre, une pleine cuillerée de farine et un oignon haché. Ajouter la pulpe d'une grosse tomate. Délayer avec le jus décanté de la cuisson des moules.

Incorporer 125 g de champignons émincés étuvés au beurre au préalable. Laisser cuire 1/4 h jusqu'à ce que la préparation soit assez épaisse.

Verser sur les moules, dans les coquilles de saint-jacques et napper d'un peu de crème fraîche.

Faire gratiner doucement 7 à 8 mn.

Servir bien chaud.

Langoustines au kari

Pour 4 personnes :
2 kilos de langoustines, beurre, huile, sel, piment de Cayenne, muscadet.

Détacher les queues des langoustines ; les laver soigneusement, les sécher avec un torchon.

Mettre un peu d'huile dans une casserole, laisser chauffer ; y jeter les langoustines. Quand elles sont bien roses, verser un petit verre de marc de cidre (ou de fine champagne) ; faire flamber, saupoudrer d'un peu de farine, mouiller d'un verre de muscadet ou de gros plant ; saler, poivrer ; ajouter le kari, une pincée de piment, une noix de beurre. Servir bien chaud.

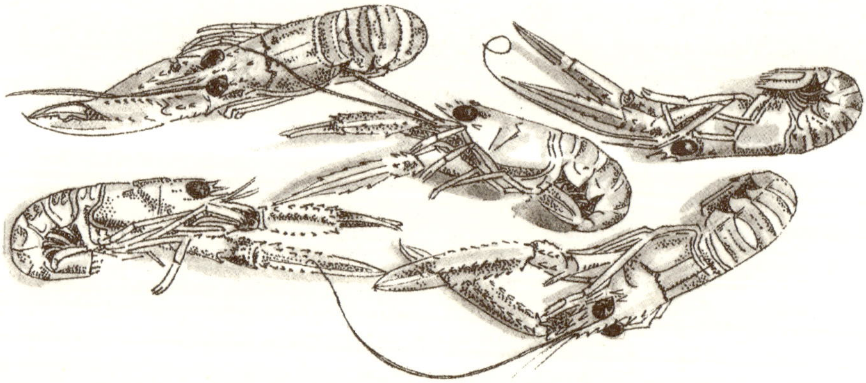

(Recette de Mme Guengant, Vannes)

Les araignées de Patrick Le Gars

Prendre 2 belles araignées. Les cuire. Vider entièrement corps et pattes. Conserver carapace et foie (partie crémeuse). Faire revenir dans du beurre, persil, oignons hachés fins, avec une pointe d'ail. Ajouter les chairs et le foie. Arroser de lambig (marc de cidre) ou de Cognac. Flamber. Poivrer au Cayenne.

Allonger le mélange d'un hachis de champignons. Mélanger. Remplir les carapaces soigneusement nettoyées. Les couronner d'un morceau de beurre. Passer 10 min au four chaud.

Servir muscadet ou gros-plant. Convient pour 5-6 personnes. Cette préparation peut également convenir pour les tourteaux.

Écrevisses en civet

Les ruisseaux et les rivières du pays gascon regorgent d'écrevisses. Aux yeux des enfants, aucune aventure n'est plus exaltante que la pêche de ces délicieux crustacés.

Les petits garnements de la famille de tante Pauline en ont tous connu l'émotion, et aussi la fierté de revenir le soir à la maison avec de pleins paniers.

Là, cependant, doit s'arrêter leur plaisir.

En effet, la préparation des écrevisses est chose sérieuse, car riche de la promesse d'un haut plaisir gastronomique.

Lorsqu'une petite partie de pêche vous a procuré une quinzaine de belles écrevisses, châtrez-les en arrachant la partie centrale de la queue.

Faites-les sauter à la graisse dans une cocotte jusqu'à ce qu'elles soient bien rouges.

Salez, poivrez puis couvrez la cocotte et laissez étuver cinq minutes.

Retirez la graisse de cuisson et flambez avec un petit verre d'armagnac.

Mouillez d'un grand verre de vin blanc moelleux, du type Pacherenc, et ajoutez :

un oignon,
une échalote,
une carotte et une tomate coupées en petits cubes,
un bouquet garni,
sel et poivre.

Couvrez à nouveau la cocotte et laissez mijoter six ou sept minutes à feu doux.

Retirez les écrevisses avec une écumoire et gardez-les au chaud.

Passez au chinois le bouillon de cuisson. Faites-le réduire un peu à la casserole puis liez en incorporant un beurre manié avec un peu de farine.

Donnez encore quelques bouillons puis versez la sauce sur les écrevisses dressées dans le plat de service.

Décorez d'un peu de persil haché et servez.

Morue aux pommes de terre en sauce à la crème

1 morceau de morue,
6 belles pommes de terre,
ail et persil,
75 g de beurre,
30 g de farine,
un peu d'huile,
poivre (facultatif).

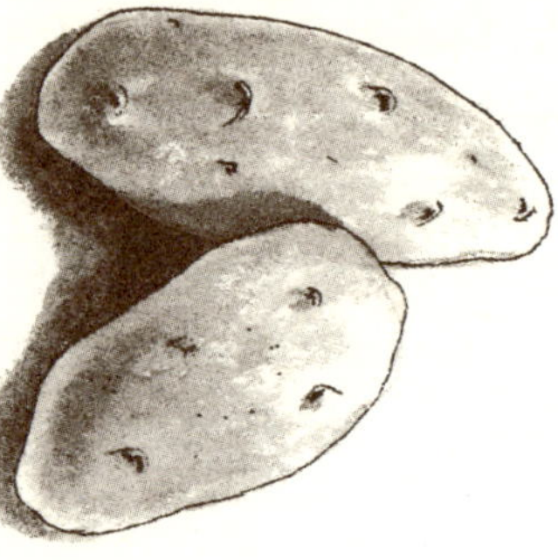

Faire dessaler la morue 24h à l'avance en changeant l'eau au moins trois fois.

Faire revenir dans une cocotte un hachis d'ail et de persil avec un peu d'huile. Singer avec un peu de farine.

Verser de l'eau chaude et y mettre les pommes de terre épluchées et coupées en morceaux.

Après 15 min de cuisson, baisser le feu, ajouter la morue et laisser frissonner 20 min.

Dans une casserole, faire fondre le beurre, y incorporer deux cuillerées de farine et, peu à peu de l'eau de cuisson des pommes de terre et de la morue jusqu'à consistance crémeuse.

Mettre la morue effeuillée dans un plat avec les pommes de terre égouttées.

Recouvrir de sauce.

Morue à l'anglaise

Dessalez et faites cuire la morue, égouttez. Vous ferez une sauce avec la chair de 2 ou 3 citrons coupés en dés, des filets d'anchois, persil et ciboules hachés menus ainsi que l'échalote, une pincée de gros poivre, mignonnette, et une pointe d'ail.

Ajouter un morceau de beurre frais, autant d'huile, faites chauffer sur de la cendre chaude. Remuez bien. Dressez votre morue, garnissez de croûtons frits au beurre, saucez, panez avec de la chapelure de pain, et mettez à mijoter au four un quart d'heure.

N'oublions pas les relations étroites que l'Aquitaine a conservées avec l'Angleterre ; cela explique de nombreuses recettes dites "à l'anglaise".

Gratin de morue

600 g de morue,
7 ou 8 tomates,
2 gousses d'ail,
1 feuille de laurier,
40 g de beurre,
150 g de fromage râpé,
3 cuillerées d'huile,
1 verre de lait,
2 cuillerées de farine,
très peu de sel.

Mettre la morue à dessaler toute la nuit.

La mettre à l'eau froide dans une casserole avec le laurier. Faire frémir 10 min.

L'égoutter, la faire dorer à la poêle dans la moitié de l'huile, la retirer sur une assiette.

Couper les tomates en rondelles, les faire sauter vivement dans la même poêle, en rajoutant de l'huile. Mettre un peu de sel, le hachis d'ail et de persil.

Beurrer un plat à gratin, mettre une couche de tomates, de la morue effeuillée, le reste des tomates.

Saupoudrer d'ail et de persil.

Faire un roux avec beurre, farine, lait et une louche de l'eau de cuisson de la morue.

Verser dans le plat à gratin, recouvrir de râpé et mettre au four (th. 6) 30 min.

Milan de saumon de l'Allier

pour 12 personnes

1 saumon de 2,5 à 3 kg
200 g de morilles
fines herbes et vin blanc

Prendre le milieu du saumon, les extrémités servant à faire des petites quenelles pour la garniture (procéder comme pour les quenelles de brochet, page 119).

Mélanger un peu de panade avec les morilles, fourrer le saumon, le plier dans un linge et bien ficeler.

Placer dans une poissonnière, mouiller à mi-hauteur avec un demi-litre de vin blanc.

Cuire 45 minutes. Après cuisson, déballer avec précaution.

Réduire le jus de cuisson, réajuster l'assaisonnement et monter à la crème.

Servir la sauce à part.

Saumon à l'oseille

1 saumon de 1 kg,
25 feuilles d'oseille,
250 g d'échalotes,
125 g de lardons,
1 cuillerée de graisse,
125 g de beurre,
sel, poivre,
125 g de lardons,
1 verre de fumet de poisson,
1 verre de Monbazillac,
1 jus de citron,
farine et beurre manié.

Faire revenir dans la graisse les échalotes hachées avec les lardons. Ciseler les feuilles d'oseille, les ajouter. Laisser cuire 15 min.

Dans un plat à gratin beurré, poser les légumes, le poisson salé et poivré sur ses deux faces et tartiné de beurre.

Mouiller avec le Monbazillac et le fumet de poisson. Mettre au four 30 min.

Recueillir le jus de cuisson, ajouter le jus de citron et un peu de beurre manié.

Servir le poisson avec sa sauce accompagné d'un plat d'oseille.

Petits mille-feuilles de saumon

pâte feuilletée
cerfeuil
escalopes de saumon fines
fumet de poisson
jus de citron
250 g de sucre
émulsion de crème, mélangée à 4 jaunes d'oeufs.

Abaisser le feuilletage assez finement. Détailler en carré de 5x5cm. Cuire à part.

Dans une couscoussière, pocher au fumet les filets de saumon 3 à 4 minutes.

Faire une sauce hollandaise. Pour faciliter l'exécution, faire bouillir la crème, saler, poivrer, fouetter vivement en incorporant les jaunes d'oeufs. Chauffer rapidement et monter au beurre.

Disposer les feuilletages sur un grand plat, puis mettre les filets dessus, napper de sauce et saupoudrer de cerfeuil haché.

Servir le reste de la sauce à part.

Dos de saumon de l'Aven au gros sel

Pour 4 personnes:

4 échalotes finement émincées,
25 cl de vin blanc sec,
1 filet de saumon de l'Aven (avec la peau) d'environ 800 g,
1 belle tomate,
quelques gouttes de citron frais,
180 g de beurre,
2 cuillerées à soupe d'huile d'olive,
poivre et gros sel.

Placez les échalotes avec 8 cl d'eau, une pincée de sel et le vin, dans une petite casserole en Inox. Couvrez hermétiquement et cuisez à petit feu, jusqu'à ce que les échalotes soient tendres mais non brunes (environ 10 min). Découvrez et laissez réduire à feu vif jusqu'à ce qu'il n'en reste qu'une bonne cuillerée à soupe. Mettez-les de côté.

Pendant ce temps, coupez en quatre le filet de saumon. Portez de l'eau salée à ébullition, soit dans une poissonnière, soit dans une marmite. Placez-y le poisson, couvrez et laissez cuire environ 10 min (avec la pointe d'un couteau, piquez le saumon ; dès que la lame s'enfonce facilement, la cuisson est à point).

Pendant cette cuisson, plongez la tomate dans l'eau bouillante quelques secondes et rafraîchissez-la aussitôt dans l'eau froide. Essuyez, pelez, coupez en 4 et épépinez. Gardez seulement la pulpe, coupez-la en dés et assaisonnez de sel et de jus de citron. Mettez de côté. Mélangez le beurre (en petits morceaux) à la réduction d'échalote à tout petit feu. Ajoutez la tomate, fouettez jusqu'à obtenir un bon mélange. Assaisonnez de sel et de poivre, ajoutez petit à petit l'huile d'olive en fouettant constamment. Versez la sauce dans les assiettes, puis disposez le saumon, dos sur le dessus.

Décorez le poisson de quelques grains de gros sel et servez.

(Recette de Pierre et Fréderic Sébilleau, Moulin de Rosmadec, Pont-Aven.)

Omble chevalier aux girolles

6 ombles de 200 g
200 g de petites girolles
6 échalotes finement hachées
50 cl de bon vin blanc
10 cl de vinaigre
500 g de beurre
1 jus de citron pressé
1 fumet de poisson
sel et poivre

Mettre dans une plaque allant au four, les ombles à pocher avec la moitié des échalotes hachées, 30 cl de vin blanc, le fumet de poisson, le sel et le poivre et recouvrir le tout de papier sulfurisé. Cuire 8 minutes à four chaud, thermostat 250°).

Confectionner le beurre blanc.

Faire réduire ensemble les échalotes restantes, le vin blanc et le vinaigre. Lorsque la réduction est pratiquement terminée, incorporer hors du feu, le beurre en pommade, saler et poivrer.

Dresser le beurre blanc sur les assiettes, placer l'omble et les girolles que l'on aura juste fait sauter au beurre.

Friture de goujons ou de carpes

1 kilogramme de poissons (goujons ou carpes),

Pour la pâte à frire :

2 œufs,
125 grammes de farine,
sel, poivre,
un peu de bière blonde pour délayer la pâte à frire.

Mêler la farine, les œufs, le sel et le poivre avec un peu de bière blonde.

Les goujons, vidés et lavés sont plongés dans la pâte et dorés dans la friture bouillante. On peut frire ainsi la carpe coupée en tranches fines.

Egoutter, saler et servir aussitôt.

Carpe farcie

2 carpes (une de 2 kg et une de 500 g),
1 blanc d'oeuf,
un peu de mie de pain,
1/2 verre de lait,
2 verres de crème,
sel, poivre,
250 g de foie gras,
2 verres de blanc sec,
1 petit verre d'alcool de prune,
2 louches de fumet de poisson,
100 g de champignons de Paris.

Laisser dégorger vos carpes au moins 12 h dans de l'eau fraîche pour enlever la vase.

Lever les filets de la petite carpe.

Faire un fumet avec les arêtes et les aromates habituels, plus un verre de vin blanc, du sel et du poivre. Laisser réduire de moitié.

Saler et poivrer les filets. Les mettre 5 min sur la glace. Mixer avec le blanc de l'oeuf.

Laisser reposer 2 h au frais.

Mixer la mie de pain trempée dans du lait avec les champignons hachés. Mélanger les deux préparations en ajoutant la crème et l'alcool, le foie gras coupé en gros dés.

Enlever la peau de la carpe, l'ouvrir et la désosser. La farcir. Réserver trois cuillerées de farce. L'étendre sur la carpe refermée.

Faire cuire à four doux (th. 4) 45 min et arroser d'un verre de vin blanc.

Trancher et servir.

(Recette de R. Youx).

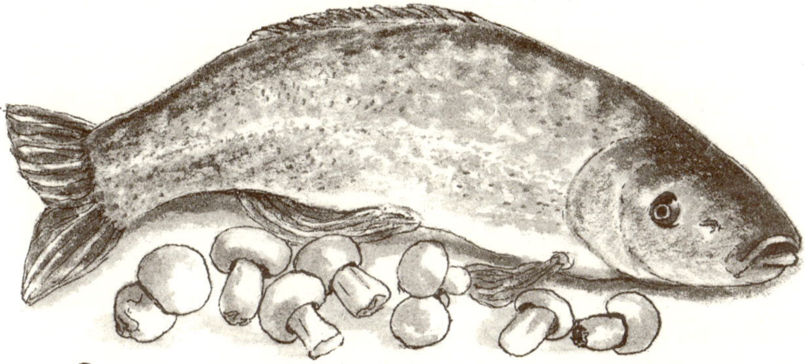

Truites à la menthe

4 truites,
1 gros bouquet de menthe fraîche,
2 cuillerées de beurre,
2 cuillerées de crème fraîche,
sel, poivre,
1/2 verre de vin blanc sec,
1 jus de citron.

Bourrer le ventre des truites avec la menthe.

Faire cuire à la poêle 10 min sur chaque face dans le beurre bien chaud, saler, poivrer.

Mettre sur le plat de service.

Déglacer la poêle avec le jus de citron, la crème et le vin blanc.

Verser sur les truites.

Truites farcies aux châtaignes, en papillotes de chou

pour 4 personnes

4 truites très fraîches de 250 g, 1 chou frisé, 160 g de champignons forestiers, 30 g d'échalotes grises, 120 g de châtaignes cuites, 20 g de beurre, 50 g de crème fraîche, 1 bouteille de Côtes d'Auvergne blanc.

Faire un fumet avec une demi-bouteille de Côtes d'Auvergne blanc, un quart de poireau, 1 branche de persil, 1 branche de thym, 1 gousse d'ail en chemise, 20 cl d'eau et un demi-citron.

Effeuiller et rincer le chou. Blanchir dans l'eau salée, rafraîchir et réserver.

Retirer l'arête centrale des truites en laissant la tête et retirer la peau des filets. Réserver au froid.

Cuire le fumet avec les arêtes. Laisser frémir 20 mn. Passer au chinois et réserver.

Faire une farce en hachant les échalotes et les champignons. Faire suer à feu doux dans 20 g de beurre, jusqu'à évaporation complète de l'eau rendue. Y ajouter les châtaignes écrasées.

Préchauffer le four à 180° (thermostat 5-6).

Assaisonner de sel et de poivre les truites et les envelopper dans une feuille de chou, en laissant la tête apparente.

Poser dans un plat de cuisson, y verser le fumet et mettre au four 10 minutes environ.

Sortir les truites et réserver au chaud.

Passer le jus dans une casserole; ajouter la crème; faire réduire à feu vif et rectifier l'assaisonnement.

Dresser sur une assiette avec quelques châtaignes sur un émincé de chou restant que vous aurez fait compoter.

Servir avec un Côtes d'Auvergne blanc.

Truites au vin rouge

Videz et lavez les truites puis laissez-les égoutter.

Disposez-les dans un plat en terre avec un oignon haché, un peu de thym et de poivre.

Recouvrez d'un bon vin rouge.

Laissez mariner une heure.

Mettez au four assez chaud pendant un quart d'heure, puis retirez du four. Sortez les truites et gardez-les au chaud.

Filtrez le vin de cuisson. Versez-le dans une casserole avec trois cuillerées à soupe d'huile et un peu de sel. Faites-le réduire d'un tiers.

Liez alors la sauce avec trois jaunes d'oeufs en remuant bien.

Disposez les truites dans le plat de service chauffé et nappez-les de la sauce. Servez avec des pommes vapeur ou du riz.

Truites en délice normand

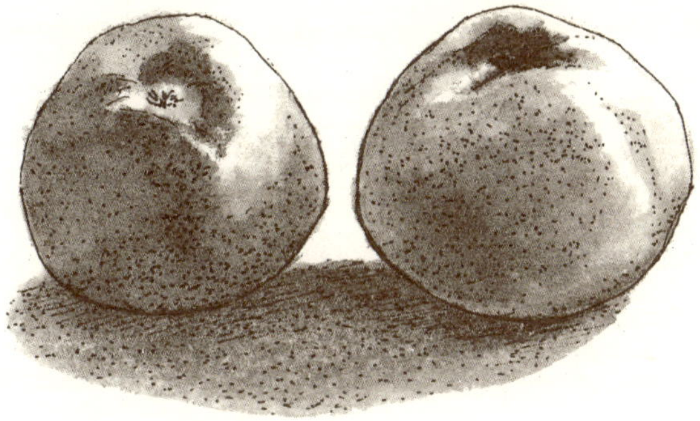

1 truite par personne,
1 ou 2 pommes,
calvados,
crème, beurre,
sel, poivre,
fines herbes.

Vider les truites par les ouïes, les laver et les sécher.

Beurrer, pour chaque truite, une feuille de papier sulfurisé de taille suffisante pour envelopper parfaitement chaque poisson.

Eplucher les pommes, les détailler en minces tranches et faire un lit sur chaque papier.

Saupoudrer de fines herbes hachées. Poser les truites, saler, poivrer, remettre des fines herbes et terminer par des tranches de pommes.

Fermer la papillote après avoir mis une cuillerée à soupe de crème fraîche et quelques gouttes de calvados.

Faire cuire au gril ou au four 20 mn à chaleur moyenne.

Servir dans les papillottes.

Truites aux amandes

1 belle truite de 180 g par personne, 1 bonne cuillerée d'amandes émincées, 3 dl de vin blanc sec par personne, 1 cuillerée à bouche de crème double, sel, poivre et persil haché.

Fariner les truites, les cuire à la poêle doucement. Après cuisson, retirer sur un plat.

Dans le beurre de cuisson, faire revenir les amandes. Déglacer avec le vin blanc sec, la crème bouillie, sel, poivre et persil concassé.

Napper les truites et servir chaud.

Recette de Joseph Batteix.

Truites aux lardons

pour 4 personnes

4 truites, 200 g de poitrine salée, 50 g de beurre, 2 cuillerées à soupe de farine, huile, sel et poivre

Mettre la farine dans une assiette. Eponger les truites après les avoir vidées et lavées. Couper le lard en gros dés et faire revenir à la poêle.

Dans une autre poêle suffisamment large, faire chauffer le beurre. Saler et fariner les poissons et les mettre dans la poêle bien chaude et baisser le feu pour cuire progressivement. Retourner au bout de 5 mn et cuire encore 5 mn.

Dresser les truites égouttées sur un plat préalablement chauffé et arroser avec le jus de cuisson et les lardons.

Grondins à l'Etelloise

5 à 6 grondins, 150 g de beurre, 500 g de tomates, ail, échalotes, persil, oignons, sel et poivre.

Rappelons ici qu'Etel est un petit port de la côte morbihannaise, au sud de la Bretagne, sur la rivière qui porte son nom. Depuis longtemps les Etellois se sont rendus célèbres par leur manière de préparer les poissons.

Préparer les poissons (les écailler, les vider, les laver) et les couper en morceaux.

Les faire revenir avec un peu de beurre et des oignons émincés. Avant qu'ils ne se colorent, ajouter les tomates coupées en morceaux, ainsi qu'un brin d'ail, échalotes et persil finement hachés. Saler, poivrer.

Laisser cuire pendant 15 min à feu doux. Servir chaud.

Grondins Mam-goz

Préparer les grondins. Les découper en morceaux que l'on met à la casserole avec du beurre, des oignons émincés, jusqu'à les dorer. Ajouter des tomates hachées, de l'ail, du persil, du sel et du poivre.

Laisser cuire 15 min. Servir sur un plat chaud.

Gibelotte de grondins gris

Préparer environ 1,5 kg de grondins gris et les couper en morceaux. Dans une bonne marmite, faire revenir au beurre bruni les morceaux de grondins. Saupoudrer de 2 cuillerées de farine. Ajouter un bon verre de muscadet, quelques oignons émincés, quelques rondelles de carottes, une gousse d'ail et un bouquet garni. Saler et poivrer. Laisser cuire 30 min. Placer alors des pommes de terre coupées en morceaux et poursuivre la cuisson à feu doux pendant encore 30 min.

(Recette concarnoise,
communiquée par Mme A. Guillou, Quimper.)

Limande en crème

Vous foncez votre plat de terre cuite, ovale et un peu profond d'un oignon de taille ordinaire, coupé en rouelles, de 3 brins de persil et d'une bonne quantité de beurre bien frais. Vous émiettez là-dedans une feuille de laurier et vous poudrez à blanc de sel et surtout de poivre.

Etendez 2 limandes (ou un carrelet) sur cette couche onctueuse et recouvrez de la même façon oignon, persil, beurre, sel et poivre, un clou de girofle si vous l'aimez.

Votre plat coiffé du four de campagne, vous laissez cuire une bonne demi-heure sur un feu doux.

Servez brûlant, mangez dans des assiettes chaudes.

(Recette du Syndicat d'initiative de Cornouaille, Quimper.)

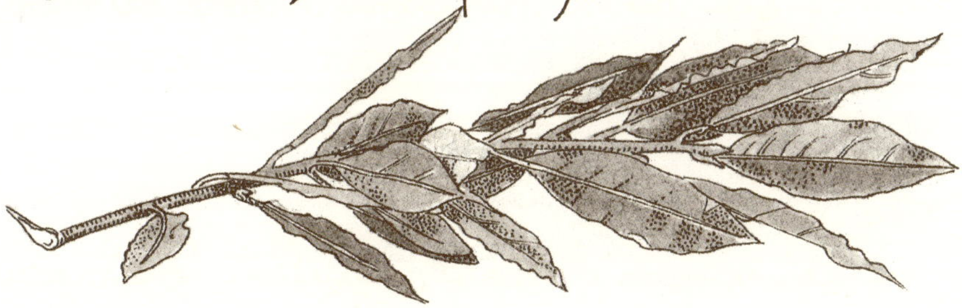

Soles à la normande

Lever les filets sur les soles. Rouler chaque filet et les cuire dans le court-bouillon.

On démarre la cuisson dans le court-bouillon froid.

On fait le court-bouillon avec les têtes, les peaux et les arêtes des soles, moitié d'eau et moitié de vin blanc, un bouquet garni (poireau, céleri, thym, laurier), un oignon, sel, poivre. On laisse cuire à petit feu pendant 30 à 40 mn et on passe ensuite le liquide.

Servir les filets de sole nappés d'une bonne crème épaisse et accompagnés de croustades feuilletées que l'on passe au four quelques minutes. On peut ajouter des champignons à la sauce.

Recette communiquée par Madame Deshayes.

Filets de sole sauce crevette

600 g de filets de sole ou de dorade,
200 g de champignons émincés,
250 g de crevettes grises décortiquées,
3 dl de crème fraîche,
1 cuillerée à soupe de moutarde,
sel, poivre.

Roulez les filets de sole ou de dorade sur eux-mêmes en les maintenant à l'aide d'un bâtonnet de bois. Assaisonnez-les de sel et de poivre.

Placez-les dans un plat beurré allant au four.

Faites chauffer la crème, ajoutez la moutarde en mélangeant bien puis incorporez les champignons préalablement blanchis et les crevettes.

Versez cette sauce sur les filets de poisson.

Parsemez le plat de noisettes de beurre et d'un peu de chapelure et faites gratiner à four chaud pendant 15 mn.

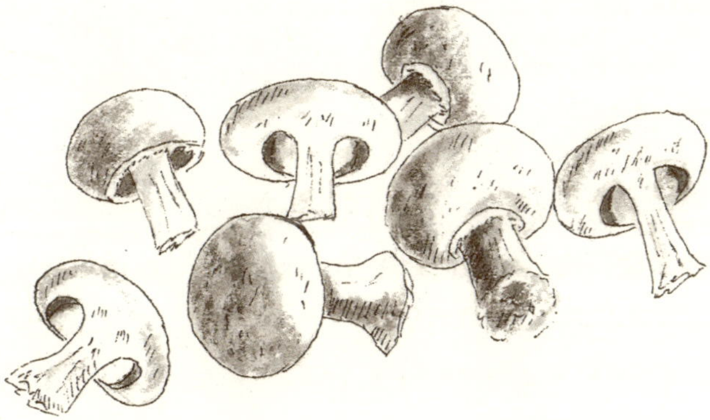

La pauchouse (ou pôchouse)

(recette du bord de Saône)

Pour 6 personnes :

environ 2 kg de poissons d'eau douce de plusieurs variétés : brochet, perche, tanche, anguille ou à défaut poisson-chat,
200 g de lard assez gras coupés en petits lardons,
une vingtaine de petits oignons, 10 gousses d'ail,
1 bouteille de vin blanc très sec,
1 petit verre à liqueur de Marc de Bourgogne,
50 g de beurre,
30 g de farine,
1/2 cuillerée à café de curry,
sel, poivre et noix de muscade à râper,
un bouquet de persil,
2 ou 3 petites tranches fines de pain par personne.

Dans un chaudron frotté d'ail, mettre les lardons, les petits oignons, quelques gousses d'ail dont on aura ôté le germe et ranger par-dessus le poisson coupé en tronçons - y compris les têtes qu'on éliminera avant de passer dans le plat de service - en mettant dans le fond les poissons les plus fermes (perche et tanche).

Saler, poivrer et arroser avec le vin blanc.

Amener à ébullition.

Ajouter le marc et flamber.

Mettre le bouquet de persil et faire cuire à très petits bouillons 10 à 15 min. (surveiller la cuisson du poisson pour qu'il ne se défasse pas.

Pendant ce temps, préparer un beurre manié de farine et assaisonné de curry.

Sortir les morceaux de poissons, les oignons, l'ail et les lardons, délicatement, avec une écumoire et les déposer dans le plat de service tenu au chaud (sur une casserole d'eau bouillante par exemple).

Ajouter le beurre manié à la sauce en remuant avec une cuillère en bois sur feu doux et verser sur le poisson après quelques minutes de cuisson (la sauce ne doit pas être trop épaisse).

Faire griller les morceaux de pain au grille-pain et les frotter à l'ail avant de les disposer autour du plat.

Variante verdunoise (de Verdun-sur-le-Doubs): on ajoute de la crème dans la sauce juste avant de servir et il est admis de mettre de la carpe, ce qui est une hérésie dans la recette du bord de Saône.

Matelote

(poisson d'eau douce au vin rouge)

Il faut au moins trois sortes de poissons, par exemple anguille, carpe, brochet, 500 g de chaque pour 6 personnes.

Dans une casserole, mettre 3 dl de bon vin rouge de Bourgogne et autant d'eau, sel et poivre, un bouquet garni et faire chauffer.

Juste au moment de l'ébullition ajouter les poissons coupés en tronçons en commençant par le plus ferme, dans l'ordre donné en exemple, laisser bouillir un quart d'heure en tout et retirer les poissons dans l'ordre inverse, les tenir au chaud et laisser bouillir la sauce encore 10 min.

Pendant ce temps, dans une poêle faire revenir au beurre, d'abord 200 g de champignons de Paris coupés en morceaux, les sortir. Puis dans la même poêle, une vingtaine de petits oignons et les retirer quand ils sont bien dorés, ajouter une cuillerée de farine bien pleine et remuer avec une cuillère en bois pour faire un roux brun clair.

Verser alors sur ce roux, le vin cuit passé au chinois et remettre dans la casserole avec un petit verre de Fine Bourgogne et flamber ; laisser bouillir jusqu'à ce que la sauce ait la consistance désirée, ni trop épaisse, ni trop liquide, y ajouter le poisson, les oignons et les champignons juste pour les réchauffer et servir dans un plat creux avec des petits croûtons frits au...

beurre et frottés à l'ail éventuellement.

La chair de la carpe d'étang sent très souvent la vase ; si on a la chance de l'avoir vivante, la garder quelques jours à l'eau claire courante, pour la faire dégorger. C'est un conseil de tante Margot pas facile à suivre si on n'a pas, comme autrefois à la campagne, un grand lavoir, il y a bien la baignoire...!

Un autre moyen, plus barbare mais plus rapide, consiste à faire ingurgiter du vinaigre à la carpe, sa peau se recouvre de sueur visqueuse qui part en l'écaillant, puis la faire dégorger à l'eau vinaigrée.

Ce procédé est valable pour les autres poissons d'eau douce et en particulier la truite, si c'est une truite d'élevage dans une eau pas toujours très courante.

Dans tous les cas de poissons d'étang, même s'ils ne sont pas vivants, il est recommandé de les passer à l'eau vinaigrée quelques instants.

Brochet aux noix

pour 5 à 6 personnes

1,2 kg de filet de brochet sans arêtes
250 g de beurre
50 cl de crème double
2 jus de citron
100 g de cerneaux de noix concassées
sel et poivre

Escaloper les filets farinés.

Les sauter au beurre et ajouter la crème.

Faire bouillir, puis saler et poivrer. Monter au beurre (100g) en travaillant au fouet. Ajouter les noix.

Au dernier moment, napper les filets et servir chaud.

S'accompagne à volonté.

Quenelles de brochet du Pavin

1 brochet de 2 kg environ

pour la panade :

de la pâte à choux avec un peu d'oeuf

sauce au choix (la bisque de Liebig convient parfaitement)

50 % de crème double

un peu de fumet lyophilisé

quelques champignons de Paris émincés

Retirer les arêtes du brochet, le peler et hacher très fin avec un peu d'échalotes, du sel, du poivre et additionner un cinquième de la panade.

Travailler à la cuillère en bois.

Dans une sauteuse, mettre un volume de fumet suffisant pour que les quenelles flottent.

Mouler la farce avec 2 cuillères. La cuire 10 minutes.

Retirer à l'écumoire et placer dans un plat grassement beurré.

Mélanger la bisque et la crème à froid.

Napper les quenelles égratinées à la fourchette. Les quenelles doivent gonfler et même éclater.

On accompagne souvent de riz ou de nouilles fraîches.

Brochet au court-bouillon à la mayonnaise

Pour 8 personnes, un brochet d'environ 2,5 kg, écaillé et vidé.

Préparation du court-bouillon :

1 bouteille de vin blanc sec (de préférence aligoté de Bourgogne),
1 gros oignon piqué de 3 ou 4 clous de girofle,
2 gousses d'ail dont on a enlevé le germe,
1 carotte coupée en rondelles,
un bouquet garni (persil, thym, laurier),
1 cuillerée à café de gros sel (5 g environ) et 10 grains de poivre.

Faire bouillir 15 min. environ et laisser refroidir.

Mettre le brochet dans la poissonnière et verser le court-bouillon refroidi en ajoutant la quantité d'eau froide nécessaire pour couvrir le poisson.

Faire cuire à petits bouillons pendant environ 60 min. selon la grosseur du brochet (on compte habituellement 10 min. par 500 g).

Laisser refroidir dans le court-bouillon, égoutter et mettre entier sur une serviette dans le plat de service ; lever les filets avec la pelle à poisson en essayant d'éliminer l'arête centrale.

Servir avec une mayonnaise à la moutarde (voir recette).

Sandre aux herbes

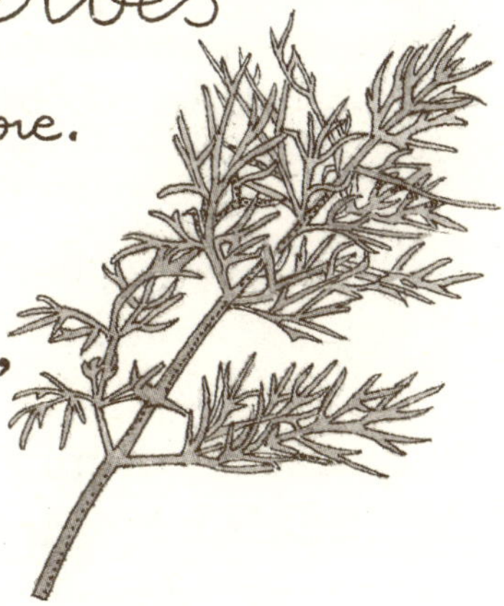

1,5 kilogramme de sandre.

Pour le court-bouillon:

2 litres d'eau,
1/4 de litre de vin blanc,
1 bouquet garni.

Pour la sauce:

3 oeufs durs,
1 cuillerée à soupe de moutarde,
vinaigre,
jus d'un 1/2 citron,
huile,
échalote, cerfeuil, ciboulette,
sel, poivre.

Cuire au court-bouillon le poisson pendant 20 minutes.

Aux oeufs durs réduits en pommade, incorporer les jaunes d'oeufs, le vinaigre, le jus de citron, le sel, le poivre.

Tout en battant incorporer l'huile et ajouter les herbes finement coupées.

Dresser le sandre sur un plat et présenter la sauce dans une saucière.

Filets de perche à la crème de tomates

4 filets de perche
1 kg de tomates épluchées et épépinées
2 belles échalotes
2 gousses d'ail
un bouquet garni
du vin blanc

Faire suer les échalotes hachées, ajouter les tomates, concasser l'ail et cuire doucement 15 minutes.

A part, faire sauter les filets 10 minutes, disposer sur un plat de service et verser la préparation de tomates dessus. Rectifier l'assaisonnement et repasser 5 minutes au four avant de servir.

S'accompagne d'épinards, d'oseille à la crème ou de pommes nature.

Viandes, charcuteries et autres bourguignonnades

Onglet aux oignons rouges confits

6 tranches de viande de 100 à 150 g chacune, assez épaisses, coupées dans l'onglet, la hampe, la bavette ou l'araignée (le morceau du boucher), en tout cas une viande à longues fibres qui demande à être cuite légèrement saignante ou à point.

600 g d'oignons rouges appelés aussi oignons-échalotes,
2 cuillerées à soupe d'huile et 25 g de beurre frais,
2,5 dl de Bourgogne Passetoutgrain,
20 g de sucre en poudre (1 cuillerée à soupe bombée),
le jus d'un demi-citron,
un peu de noix de muscade, de girofle et de cannelle, sel et poivre.

Dans une cocotte en fonte, faire chauffer l'huile et y jeter les oignons émincés, remuer 2 min., saupoudrer de sucre tout en remuant encore 2 min. et ajouter 2 dl de vin et les assaisonnements.

Laisser cuire à découvert pendant 15 min. en remuant souvent. Ajouter le jus de citron et arrêter la cuisson quand il n'y a plus de liquide et tenir au chaud.

Huiler légèrement avec le doigt les tranches de viande et les faire dorer puis cuire selon le goût de chacun (2 min. sur chaque face pour "saignant") dans une poêle préchauffée en fonte ou en inox à fond épais, sans ajouter de graisse, déglacer avec le reste du vin, le faire bouillir 1 à 2 min. et verser sur la viande. Mettre une noix de beurre sur chaque morceau de viande et servir avec les oignons.

Joue de boeuf à l'oignonnade

1 joue de boeuf,
2 l d'eau,
3 carottes,
3 poireaux,
1 navet,
1 branche de céleri,
1 livre d'oignons,
1 clou de giroffle,
1 feuille de laurier,
sel, farine,
1 cuillerée de graisse.

Poser la joue dans une marmite, la couvrir d'eau froide, écumer à l'ébullition, faire bouillir à petit feu 1 h 30. Ajouter carottes, poireaux, navet, céleri, un oignon clouté de giroffle, une feuille de laurier. Faire cuire encore 1 h.

Sortir la joue, la déchiqueter avec 2 fourchettes.

Dans une poêle, faire fondre une cuillerée de graisse, mettre à dorer 1 livre d'oignons émincés en les remuant.

Singer avec une cuillerée de farine, verser deux verres de bouillon.

Laisser mijoter 30 min.

Mettre la joue à réchauffer. 20 min.

Servir bien chaud.

Tranches de filet de boeuf aux champignons et aux olives

Détaillez un beau filet de boeuf en tournedos épais. Dans une poêle, faites revenir à feu vif les tranches des deux côtés.

Salez, poivrez, retirez du feu et gardez au chaud.

Versez un peu d'huile dans la poêle, faites chauffer et versez une cuillerée à soupe de farine.

Mouillez d'un petit bol de bouillon et plongez-y une grosse poignée de champignons coupés en morceaux et autant d'olives dénoyautées. Salez, poivrez et laissez mijoter tranquillement.

Lorsque la sauce a un peu réduit en s'épaississant, déposez dedans les tranches de boeuf pendant un bref instant. La viande ne doit pas y cuire mais seulement se réchauffer en s'enrobant des parfums.

Servez aussitôt sur des assiettes chaudes.

Côte de charolais rôtie à l'échalote

<u>Pour 4 personnes:</u>

1 côte de boeuf de 1200 g avec os,
50 g d'échalotes hachées,
1 gros bouquet de persil,
1,5 dl de Bourgogne aligoté,
50 g de beurre,
2 cuillerées à soupe d'huile,
sel et poivre.

Demander au boucher de parer sans la désosser une côte de boeuf de Charolais épaisse (environ 4 cm), la saler, la poivrer et l'enduire d'huile au moins 1 h avant de la faire cuire et la laisser à la température de la pièce.

Faire chauffer une cocotte en fonte et y faire dorer le morceau de viande 10 min. sur chaque face.

Quand elle est assez cuite, sortir la viande de la cocotte, la découper en tranches et tenir au chaud sans cuire pour laisser égoutter le jus.

Dans une poêle faire revenir les échalotes avec un peu de beurre, en remuant, ajouter sur feu doux le persil coupé aux ciseaux, le sel, le poivre, le vin, évaporer quelques minutes et ajouter le jus de viande, faire bouillir et, hors du feu, ajouter le beurre frais par petits morceaux.

Verser cette sauce sur la viande et servir très vite sur des assiettes chaudes.

Boeuf miroton

600 g de boeuf cuit (reste de pot-au-feu),
150 g de petits lardons,
1 cuillerée à soupe d'huile,
2 gros oignons
2 tomates et 1 cuillerée à soupe de concentré de tomates,
1 cuillerée à café de farine,
6 gros cornichons au vinaigre,
1 verre de bouillon de pot-au-feu,
1/2 verre de vin blanc sec,
sel et poivre.

Couper le boeuf en lamelles régulières, les cornichons en rondelles, les tomates épluchées et épépinées en petits cubes.

Éplucher et émincer les oignons et les faire fondre, à feu doux, dans une poêle, avec l'huile, jusqu'à ce qu'ils deviennent transparents ; les sortir alors de la poêle.

Faire revenir les lardons à leur tour dans la poêle.

Remettre les oignons avec les lardons, saupoudrer de farine, mélanger et verser le bouillon et le vin blanc puis laisser épaissir la sauce à feu doux en remuant quelques minutes.

Ajouter les cubes de tomate et le concentré ainsi que les rondelles de cornichon, saler et poivrer.

Installer les lamelles de viande dans un plat à four, verser la sauce dessus et mettre 45 min. au four à 160° (thermostat 5).

Coufidou

pour 6 personnes

1,2 kg de boeuf à braiser
1 l de vin rouge
1 petit verre de marc d'Auvergne
2 oignons en quartiers
2 gousses d'ail hachées
50 g de farine
50 cl d'huile
1 bouquet garni
sel et poivre

Tailler le boeuf en petits dés de 30 à 50 g et les faire revenir.

Ajouter les oignons, puis l'ail haché.

Saupoudrer de farine, bien mélanger, flamber avec le marc d'Auvergne, mouiller avec le vin rouge.

Ajouter le bouquet garni et assaisonner.

Laisser cuire doucement, bien couvert, pendant 4 heures.

Ragoût de queue de boeuf
(daube)

pour 6 personnes

1 queue de boeuf
60 g de saindoux
1 l de vin rouge de pays
80 g de farine
150 g de gros oignons
100 g de carottes

1 kg de châtaignes ou marrons
200 g de petits oignons
200 g de poitrine salée
3 petites saucisses
bouquet garni, branche de céleri, ail, sel et poivre

Eplucher et laver les légumes. Confectionner le bouquet garni. Eplucher les châtaignes. Couper la queue de boeuf en tronçons. Tailler des petits lardons dans la poitrine salée et couper les saucisses en morceaux.

Ajouter carottes, oignons émincés et saupoudrer de farine. Laisser colorer légèrement la farine dans le four chaud. Arroser avec le vin rouge et assaisonner. Laisser cuire doucement 3 h sur le coin du feu, à couvert.

Par ailleurs, cuire les châtaignes à l'eau salée, avec une branche de céleri. Faire sauter les lardons, les petits oignons et les morceaux de saucisses.

Egoutter la viande et la réserver au chaud. Faire réduire le jus de cuisson. Dégraisser et passer la sauce sur les morceaux de viande. Ajouter la garniture et des châtaignes. Rectifier l'assaisonnement et laisser mijoter encore quelques minutes.

Servir très chaud.

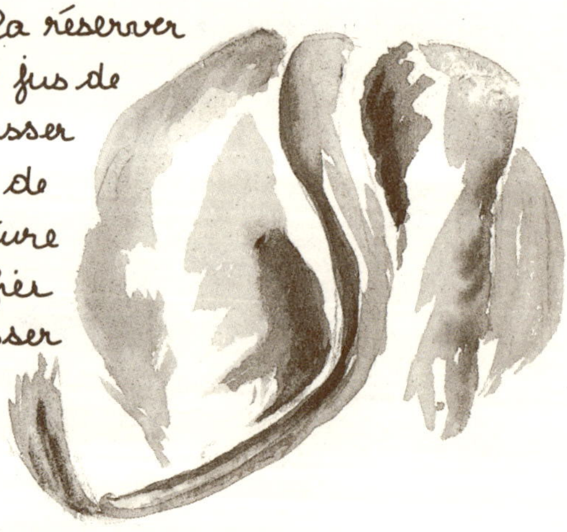

Filets de bœuf sauce aux huîtres

Pour 4 personnes :

4 tournedos (200 g pièce)
80 g de beurre doux, 3 échalotes, 80 g de champignons de Paris, 12 huîtres plates de Belon, 10 cl de vermouth, 1 cuil. à soupe de sauce soja, 20 cl de crème, cerfeuil, 1 citron, poivre du moulin.

Extraire les huîtres de leurs coquilles. Réserver le jus filtré. Faire fondre 30 g de beurre dans une casserole à fond épais, ajouter les échalotes hachées, laisser suer à feu doux 3 min, ajouter les champignons hachés et laisser réduire jusqu'à élimination totale de l'eau. Déglacer alors avec le vermouth, la sauce soja et le jus d'huître, réduire des 2/3. Ajouter la crème, les huîtres, les laisser pocher 3 min. Ajouter quelques gouttes de citron. Assaisonner. Poêler les tournedos selon votre goût. Récupérer les huîtres pochées, les hacher grossièrement au couteau. Redonner 1 min un bouillon à la sauce puis monter celle-ci avec le beurre restant. Y ajouter les huîtres et 3 pincées de cerfeuil haché. Napper les tournedos.

Servir immédiatement.

(Recette de Patrick Lancien.)

Filet mignon au pastis et au poivre vert

Cette recette n'est pas traditionnelle. Elle est au contraire toute récente. Improvisée en 1986 au hasard des ingrédients disponibles lors d'un repas de famille impromptu, elle a ensuite été perfectionnée et adoptée par de nombreux cousins et parents.
Elle figure aujourd'hui dans la plupart des cahiers de recettes des descendants de tante Pauline.

Demandez à votre boucher de vous présenter plusieurs filets mignons. Vous constaterez qu'ils sont de formes très différentes, certains longs et plats, d'autres épais et trapus. Choisissez de préférence un de ces derniers.

Salez-le en pluie et déposez-le dans une poêle graissée sur un tout petit feu, la flamme devant être la plus minuscule possible. C'est là le secret pour obtenir à la fin une viande extraordinairement fondante. N'ayez pas peur de prévoir deux ou trois heures de cuisson au cours desquelles vous retournerez le filet mignon plusieurs fois pour qu'il dore bien de tous côtés.

Un quart d'heure avant la fin de la cuisson, ajoutez six cuillerées à soupe de poivre vert conservé à l'eau avec trois cuillerées du liquide pour que les grains ne grillent pas à sec. Ecrasez-en une partie dans la poêle même avec un pilon de bois et retournez plusieurs fois le filet mignon pour que des particules de poivre adhèrent à sa surface de tous côtés.

Hors du feu, versez sur la viande, dans la poêle, un verre à porto de pastis et faites flamber.

Retirez ensuite le filet et gardez-le au chaud.

Versez un pot de crème fraîche dans la poêle en grattant le fond pour détacher les sucs brûlés et les incorporer à la sauce.

Montez le feu et faites rapidement épaissir la crème en tournant sans cesse.

Lorsque la sauce a pris une bonne consistance, retirez du feu, goûtez et rectifiez le salage.

Découpez le filet mignon en médaillons épais d'un centimètre et demi à deux centimètres. Disposez-les dans un plat de service bien chaud.

Versez sur chacun d'eux une cuillerée à soupe de sauce et présentez le reste en saucière.

Servez avec du riz ou des pommes vapeur.

Côtes de porc à la dijonnaise

1 côte de porc par personne et pour 4 :
50 g de beurre,
10 cl de vinaigre de vin,
1 cuillerée à soupe de farine,
1 cuillerée à soupe de moutarde de Dijon à l'ancienne,
1 tablette de bouillon de pot-au-feu dissoute dans une tasse d'eau,
2 gros oignons émincés.

Dans une poêle, avec le beurre, faire revenir et bien fondre les oignons pendant une quinzaine de minutes et les faire attendre sur une assiette.

Rajouter un peu de beurre et faire dorer à la place les côtes de porc 5 min. sur chaque face. Les poser provisoirement sur le plat de service.

Remettre les oignons dans la poêle, y mêler la farine à chaud et ajouter le bouillon, le vinaigre et la moutarde, bien mélanger, laisser épaissir 5 min. et poser dessus les côtelettes ; mettre un couvercle pour finir de cuire dans la sauce pendant encore au moins 10 min. à feu modéré.

Rôti de porc de Mima

1 rôti de porc de 3 livres,
1 tête d'ail,
50 cl de lait,
sel, poivre, sauge, thym,
un peu de graisse.

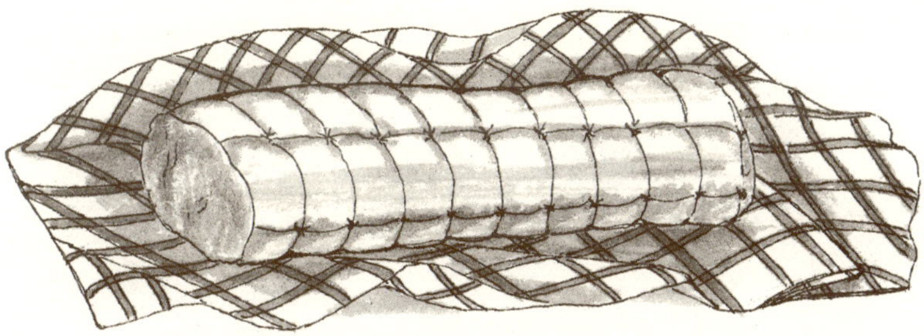

Dans la graisse chaude d'une cocotte, faire revenir le rôti sur toutes ses faces. Ajouter les gousses d'ail non épluchées. Saler, poivrer, verser le lait, mettre une brindille de thym et deux feuilles de sauge. Faire cuire doucement 1h30.

Sortir le rôti, le tenir au chaud sur un plat.

Enlever les gousses d'ail, les réserver. Jeter le thym et la sauge.

Verser dans la cocotte 1 l d'eau.

Saler légèrement. Quand elle bout, mettre à cuire un bol de riz 20 min.

Écraser les gousses d'ail à la fourchette (la peau s'enlève facilement).

Tartiner le rôti avec cette crème, le couper en tranches, servir avec le riz.

Filet de porc fumé en papillote

(Kassler en papillote)

1,5 kilogramme de Kassler (filet de porc fumé),
3 gousses d'ail,
cognac.

Déposer la pièce de viande sur un large papier d'aluminium.

Piquer la viande, l'arroser de cognac et placer les gousses d'ail non épluchées.

Bien refermer l'aluminium en forme de papillote.

Placer au four, thermostat 7, pendant 90 minutes.

Collet de porc fumé pommes Marcaire

1 kilogramme de porc fumé,
1 kilogramme de pommes de terre,
200 grammes d'oignon,
100 grammes de lard fumé,
50 grammes de beurre fermier,
sel.

Placer le collet dans l'eau et le faire cuire à petite ébullition pendant 1 heure environ.

Eplucher et émincer finement les pommes de terre et les oignons.

Placer dans une marmite en fonte le beurre, les oignons, le lard fumé coupé en fines tranches et laisser blondir légèrement.

Ajouter les pommes de terre, ne pas oublier de saler un peu.

Cuire à couvert pendant 25 minutes environ à feu doux.

Brochettes de filet de porc aux pruneaux

Détaillez un filet de porc en cubes d'environ quatre centimètres de côté.
Plongez ces morceaux dans une marinade d'huile d'olive avec :

un filet de jus de citron,
une pincée de quatre épices,
deux ou trois échalotes hachées.

Deux heures après, mettez à tremper autant de pruneaux dénoyautés que de cubes de viande dans un thé bien fort parfumé d'un verre d'armagnac. Laissez-les gonfler pendant une heure.
Retirez les morceaux de porc de l'huile.
Salez et poivrez-les.
Égouttez les pruneaux et entourez-les d'une tranche très fine de poitrine fumée.
Enfilez sur des petites broches en alternant les cubes de filet et les pruneaux roulés.

Faites griller doucement sur une braise pas trop vive (de préférence de figuier ou de sarments de vigne) et, pendant la cuisson, arrosez les brochettes avec la marinade.

Rouelle de porc à l'oseille

1 belle rouelle de porc
épaisse de deux doigts,
mie de pain,
2 gousses d'ail,
2 échalotes,
1 petit oignon,
3 grosses poignées d'oseille,
1/2 verre de lait,
1 cuillerée d'huile,
sel, poivre.

Faire tremper la mie de pain dans du lait.
Hacher l'ail, les échalotes, l'oignon et l'oseille.
Incorporer la mie de pain pressée.
Saler légèrement.
Saler et poivrer la rouelle des deux côtés.
La poser dans un plat en terre.
Tartiner le dessus avec le hachis ; arroser d'huile.

Mettre à four chaud (th. 7) une bonne heure. A mi-cuisson, verser un peu d'eau.

Servir avec un plat d'oseille ou d'épinards.

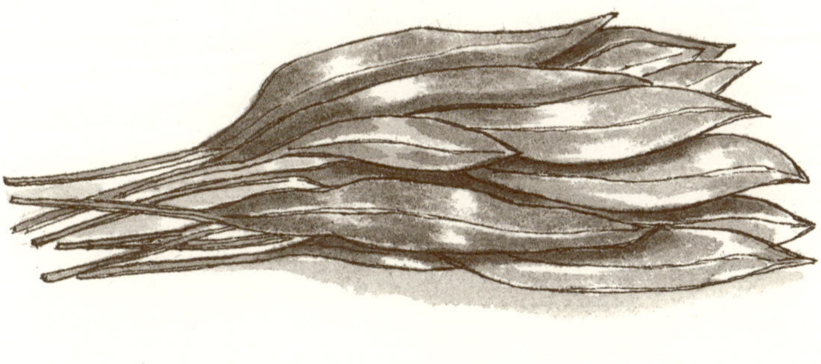

Fricassée de porc d'Aurillac

pour 4 personnes

très simple et pourtant délicieux !

500 g de porc désossé et coupé en cubes
50 g d'oignons
100 g de carattes coupées en bâtonnets
2 belles tomates
2 dl de vin blanc
50 g de crème

Faire revenir dans une sauteuse les dés de porc. Une fois dorés, ajouter les carattes, les oignons, l'ail et les tomates concassées et cuire en remuant.

Au dernier moment, ajouter la crème, s'assurer de l'assaisonnement.

Servir avec des morilles au beurre.

Boudin aux châtaignes de la Chaise-Dieu

pour 6 personnes

1 l de sang de porc
400 g d'oignons
30 g de lard gras (gorge de préférence)
300 g de châtaignes en morceaux
persil, crème fraîche et cognac

garniture à part :

pommes fruits, châtaignes (100 g par personne)
sel et poivre

Passer le sang au chinois très fin et bien mélanger. Pendant ce temps, on fera suer les oignons avec le lard gras et les châtaignes cuiront dans une eau légèrement salée (les débarrasser avant de leurs 2 peaux).

Ensuite, incorporer les oignons et le gras au sang assaisonné.

Ajouter les morceaux de châtaignes puis le persil finement haché, la crème fraîche et un peu de cognac.

Remplir les boyaux et cuire ensuite à l'eau très chaude, sans bouillir. Le boudin est cuit, si, en le piquant avec une épingle, le sang ne sort plus.

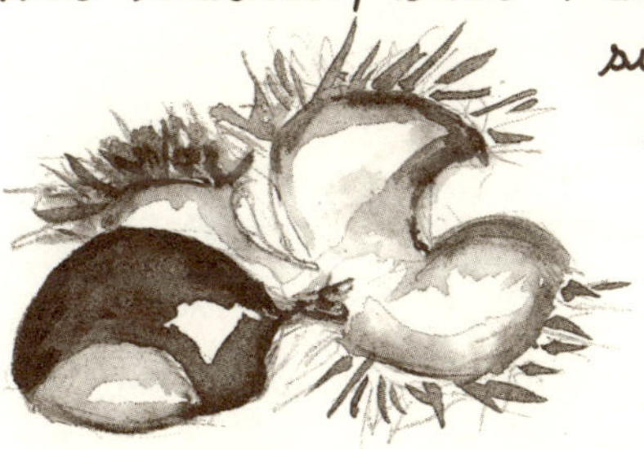

Servir ce boudin avec des pommes de terre et des châtaignes.

Côtelettes paysannes

Pour 4 personnes :

4 côtes de porc,
1 cuillerée à soupe de saindoux,
3 oignons,
30 g de beurre,
thym, laurier,
sel, poivre,
un chou de Milan,
4 cuillerées de crème fraîche,
un filet de vinaigre,
500 g de pommes de terre nouvelles.

Faire revenir les côtes au saindoux d'un côté puis de l'autre.

Ajouter dans la poêle quelques oignons émincés que vous aurez fait blondir à part dans le beurre.

Mettre dans la poêle une feuille de laurier et un peu de thym. Saler, poivrer. Couvrir la poêle et laisser cuire 35 mn à chaleur douce.

D'autre part, laver et couper très finement le chou sur la planche à viande. Le faire cuire doucement au beurre. Lorsqu'il est cuit, ajouter 3 à 4 cuillerées de crème fraîche et donner quelques bouillons en tournant.

Verser la julienne de chou dans un plat creux. Poser dessus les côtes de porc.

Garnir le tour avec des petites pommes de terre cuites à l'eau. Déglacer le fond de la poêle avec un peu de vinaigre.

Mélanger au jus et arroser les côtelettes avec cette sauce.

Pieds de cochon truffés

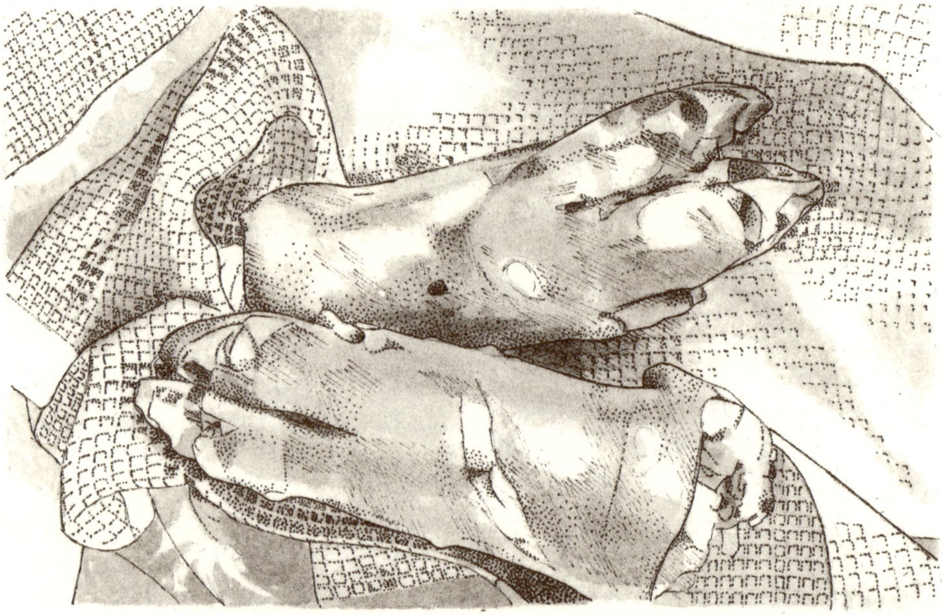

Faites cuire les pieds dans une casserole avec carottes, oignons, bouquet garni, sel, poivre.

Enlevez lorsque les os se détachent.

Hachez-les avec 3 saucisses (350 g).

Ajoutez 1/4 de truffes, et leurs pelures jointes au hachis.

Divisez en petits tas que vous enveloppez avec des morceaux de toile de cochon (crépine), ficelez.

Pour les manger, passez-les sur le gril.

Cochon aux pommes

1 kg de porc dans le filet,
50 g de beurre,
1 kg de pommes,
sel, poivre, 1 bouquet garni.

Dans une très bonne marmite de fonte, faire revenir la viande au beurre.

Les pommes étant épluchées et coupées en quartiers, on les jette à la marmite. On sale, on poivre, on laisse cuire, sous couvercle, pendant au moins 1 h 30. Cela se sert sur un grand plat chaud, viande au milieu, pommes disposées tout autour. C'est simple, c'est naturel, c'est excellent.

Fricassée de marcassin

Cette fricassée très appréciée dans la région de Paimpont, se prépare avec une épaule de jeune sanglier que l'on découpe en petits morceaux de 20 g. Ces morceaux sont mis à mariner pendant 3 ou 4 jours dans un large plat de terre cuite, avec du muscadet ou du gros-plant (certains préfèrent le vin rouge), des oignons, du laurier, quelques gousses d'ail et une bonne rasade d'eau-de-vie de cidre. Au moment de la préparation, retirer les morceaux de la marinade, les égoutter, les éponger soigneusement. Dans une cocotte de fonte, faire revenir quelques oignons émincés dans du beurre. Saler, poivrer. Y jeter les morceaux de marcassin pour les faire dorer. Retirer du feu et mettre la viande, enduite de farine, dans un plat allant au feu. Mouiller avec du jus de marinade passé; ajouter un peu d'ail, du thym, du laurier. Couvrir avec une feuille d'aluminium et mettre au four pendant 1 h.

Servir avec des marrons bouillis et épluchés, sur un grand plat.

Bien arroser avec la cuisson passée une nouvelle fois.

Marcassin aux myrtilles

1,5 kilogramme de roulé de marcassin,
2 cuillerées d'huile,
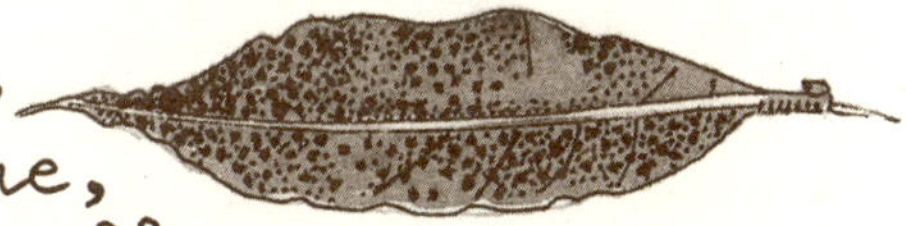
50 grammes de beurre,
500 grammes de myrtilles.
6 cuillerées à soupe de sucre,
20 grammes de farine.

Pour la marinade :

3 verres de vin blanc d'Alsace (sylvaner),
3 oignons, 2 gousses d'ail,
laurier, sel, poivre.

Laisser mariner 12 heures la viande dans le vin + les oignons coupés en rondelles + les gousses d'ail + sel + poivre + feuille de laurier.

Faire dorer au beurre la viande et les oignons égouttés. Placer au four thermostat 6, la viande et les éléments de la marinade pendant 45 minutes. Lier la sauce avec 20 grammes de beurre maniés à 20 grammes de farine.
Remettre la sauce au four pour 15 minutes.
Cuire les baies avec le sucre et un peu d'eau pendant 10 minutes.
Dresser la viande et disposer les myrtilles.

Veau farci auvergnat

pour 4 personnes

1 grande tranche de poitrine de veau d'environ 700 g
150 g de bleu d'Auvergne
1 demi-litre de vin blanc sec
3 échalotes
1 gousse d'ail
50 g de beurre
10 cl de crème fraîche
1 cuillerée à soupe de farine

Emincer les échalotes et l'ail.

Bien étaler la poitrine de veau, écraser le bleu d'Auvergne au milieu. Enrouler la viande et attacher ensuite avec une ficelle de cuisine.

Faire fondre le beurre dans une sauteuse et faire dorer la viande sur tous les côtés.

Faire blondir les échalotes et l'ail. Ajouter la farine, verser le vin blanc sans cesser de remuer. Saler et poivrer.

Quand le tout est lié, couvrir et laisser cuire à four moyen 1 h environ.

Au moment de servir, ajouter la crème fraîche dans la sauce. Laisser chauffer, le temps de faire fondre la crème.

Couper la viande et disposer dans un plat de service et verser la sauce dessus.

Ris de veau en fricandeau

Après avoir blanchi et piqué de lard les ris, on garnit une casserole avec des carottes, des oignons en bouquet, des débris de lard, on y place les ris.

Mouiller avec jus ou bouillon (arroser souvent avec le jus du fond). Cuisson 2 ou 3 h à petit feu ; les ris doivent être de belle couleur blonde, on les enlève.

On passe le jus dans une petite casserole pour le dégraisser.

Délayer un peu de fécule dans un peu d'eau, s'en servir pour dorer les ris que l'on peut servir sur l'oseille mélangée de feuilles de laitue cuites dans du jus de viande.

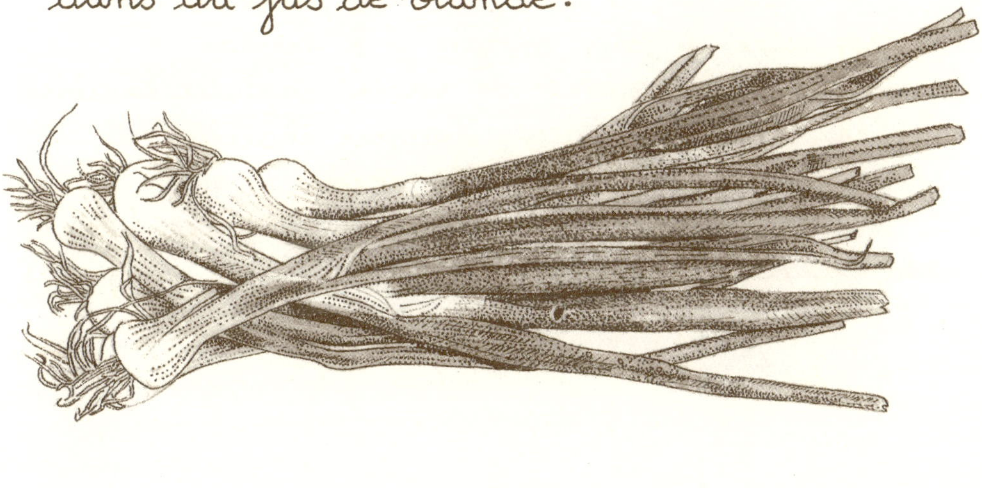

Langue de veau sauce poulette

Une langue de veau,
3 oignons,
thym, laurier,
clous de girofle,
un mélange de légumes : carottes, poireaux, navets, céleri...
50 g de beurre,
2 échalotes,
1 cuillerée de farine,
1 jaune d'oeuf,
le jus d'un citron,
sel, poivre en grain.

Plongez la langue lavée dans 2 l d'eau froide salée.

Ajoutez les oignons, le thym, le laurier, les clous de girofle, des grains de poivre.

Laissez cuire pendant une heure à couvert.

Épluchez alors la langue, remettez-la dans le bouillon avec les légumes comme pour un pot-au-feu.

Faites cuire encore doucement une heure au moins.

Dans une petite casserole, mettez le beurre et deux échalotes hachées à dorer.

Saupoudrez de farine, mouillez avec deux louches de bouillon. Poivrez.

Hors du feu, liez avec un jaune d'œuf délayé dans le jus du citron.

Ajoutez un bon morceau de beurre et du persil haché.

Servez la langue coupée en tranches et entourée des légumes et de quelques pommes vapeur.

Présentez la sauce à part.

Rôti de veau aux cèpes

Bardez soigneusement un beau rôti de veau et mettez-le au four bien chaud dans un plat en terre, avec quelques cuillerées à soupe de bouillon.

Au bout de quelques minutes, lorsque le bouillon est très chaud, disposez autour du rôti de belles têtes de cèpes essuyées avec soin.

Salez et poivrez puis remettez au four.

Laissez cuire pendant deux heures en vérifiant de temps en temps que le fond du plat ne soit pas complètement asséché. Dans ce cas, remettez quelques cuillerées de bouillon.

Les champignons doivent cuire dans un fond de liquide, faute de quoi ils deviendraient d'une amertume insupportable.

Servez le rôti en tranches, entouré des cèpes rissolés et mijotés dans le jus de cuisson parfumé des sucs du veau.

Présentez en même temps une belle salade.

Rouelle de veau aux tomates

Piquez une rouelle de veau avec deux gousses d'ail. Dans une cocotte, faites fondre un peu de graisse d'oie et mettez-y la rouelle à dorer avec une bonne tranche de ventrèche (poitrine de porc) coupée en petits dés.

Lavez et essuyez une douzaine de petites tomates. Retirez les graines.

Epluchez quelques oignons et mettez-les, avec les tomates, à rissoler autour de la rouelle.

Ajoutez un bouquet garni, un peu d'ail et d'échalote.

Salez, poivrez, couvrez la cocotte et laissez mijoter à feu doux pendant deux heures et demie.

Vérifiez, en cours de cuisson, que les tomates rendent suffisamment de jus pour que la rouelle ne se dessèche pas. Dans le cas contraire, mouillez de quelques cuillerées à soupe de bouillon.

A la fin de la cuisson, retirez d'abord les oignons. Ecrasez-les en purée et étalez-les dans le plat de service chauffé.

Posez la rouelle dessus, décorez-la de persil haché et entourez-la des tomates recouvertes du jus de cuisson.

Rognonnade de veau au crémant de Bourgogne

Recette pour 6 personnes :

6 tranches de filet de veau de 2 cm d'épaisseur,
2 rognons de veau partagés en 3 morceaux chacun,
120 g de matière grasse (beurre ou huile),
1 échalote,
1 dl de crème et 1 cuillerée de maïzena,
250 g de champignons de Paris,
1 bouteille de Crémant de Bourgogne,
sel et poivre.

Dans une cocotte avec un peu de beurre ou huile, faire fondre l'échalote, puis faire dorer les tranches de veau, puis les morceaux de rognons en dernier, saler, poivrer et laisser mijoter pas plus de 10 min., puis recouvrir avec le crémant et laisser cuire doucement à couvert pendant 30 min.

Pendant ce temps, dans une poêle, faire cuire les champignons, les égoutter et verser le jus dans la cocotte où cuit la viande.

Retirer les morceaux de viande de la cocotte dans le plat de service tenu au chaud en posant 1 morceau de rognon sur chaque tranche de veau.

Délayer une cuillerée à soupe pas très pleine de maïzena avec la crème et un peu de jus de cuisson et reverser dans la cocotte, ajouter les champignons, laisser cuire encore 4 à 5 minutes et verser sur la viande.

Escalopes à la crème

Prendre quatre escalopes de veau de lait doux.

Les cuire à la poêle avec un bon morceau de beurre. Quand elles sont cuites, les mettre dans un plat chaud.

Mettre quatre cuillerées de bonne crème dans la poêle, remuer pour détacher les sucs de la viande. On peut y ajouter des champignons émincés et étuvés préalablement.

Napper les escalopes avec la sauce.

Parsemer de persil haché.

Servir avec une bonne purée de pommes de terre qu'on nappe avec la sauce des escalopes.

Gigot à l'anglaise

Faites bouillir de l'eau dans une grande braisière, il faut la saler, mettez le gigot dans l'eau bouillante et ajoutez 12 navets entiers d'égale grosseur épluchés.

Faites cuire le gigot le temps voulu (on compte généralement 30 min par kilo de poids de la viande).

Egouttez-le et dressez-le sur un plat.

Rangez des navets autour, mettez une papillote autour.

Servez à part une sauce blanche aux câpres: pour la sauce blanche, mettez

dans une casserole 50 g de beurre et 50 g de farine, mêlez farine et beurre pour en faire une pâte, ajoutez sel, poivre, 2 décilitres 1/2 d'eau chaude. Tournez sur le feu jusqu'au premier bouillon. Il faut que le mélange arrive à la consistance voulue pour couvrir la cuillère d'une couche de 2 mm. Ajoutez alors les 60 g de beurre et coupez-les en morceaux pour que le beurre fonde plus vite.

Retirez du feu et tournez jusqu'à ce que le beurre soit entièrement fondu.

Cette quantité est suffisante pour 4 personnes.

Gigot braisé

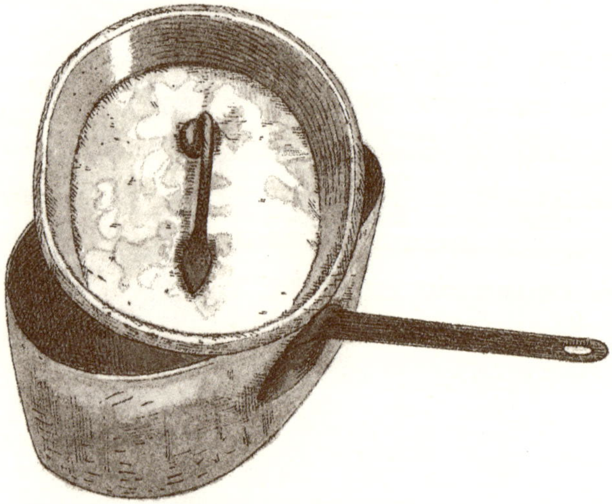

Pour un gigot de 3 kg, désossez-le, assaisonnez, mettez dans une casserole ovale avec 2 pieds de veau, 1 l d'eau et 1 de bouillon, 1/2 dl d'eau-de-vie, 1 oignon, 3 clous de girofle, 100 g de carottes, 2 pincées de sel, poivre.

Faites bouillir, écumez, couvrez feu dessus.

Mijotez 3 h, égouttez, dégraissez le jus, réduisez-le et servez sur la viande.

Gigot d'agneau à la gasconne

Piquez le gigot de gousses d'ail et d'une demi-douzaine de filets d'anchois préalablement dessalés.

Huilez-le avec un pinceau puis salez et poivrez.

Mettez-le à four bien chaud et laissez-le cuire en comptant un quart d'heure par livre de viande.

En cours de cuisson, arrosez souvent avec un bouillon bien épicé augmenté de quelques cuillerées à soupe de graisse fine (de porc de préférence).

Servez le gigot découpé accompagné de flageolets, ou mieux, de purée de fèves, en couronne, dans un plat à part, autour d'un hachis de lard, ail et persil, revenu à la poêle dans de la graisse.

Cervelles d'agneau

1 cervelle par personne,
60 g de beurre,
une cuillerée à soupe de vinaigre de cidre,
farine,
sel, poivre,
persil,
citron.

Faire tremper les cervelles 1 heure dans de l'eau froide vinaigrée. Bien les nettoyer. Les sécher, les passer dans la farine.

Faire chauffer le beurre dans la poêle. Y faire dorer les cervelles en les retournant de temps en temps.

Les faire cuire à feu doux pendant 15 à 20 mn.

Saler, poivrer.

Les servir avec des tranches de citron et des pommes de terre vapeur.

Ragoût de mouton

600 g de poitrine,
600 g de collier,
4 oignons,
6 carottes,
2 gousses d'ail,
2 navets,
4 pommes de terre,
1 bol de haricots blancs frais,
2 tomates,
2 cuillerées de graisse,
2 cuillerées de farine,
1 verre de vin blanc,
1 bol de bouillon,
sel, poivre,
bouquet garni, persil.

Faire revenir dans la graisse d'une sauteuse, les morceaux de viandes, les carottes et les navets coupés en morceaux, et les oignons émincés.

Singer avec la farine.

Mouiller avec le bouillon et le vin blanc, saler, poivrer, mettre le hachis d'ail et de persil, les haricots et le bouquet garni.

Laisser mijoter 1 h.

Passer les tomates 2 min à l'eau bouillante, les couper grossièrement, éplucher les pommes de terre, les couper en gros dés, les ajouter au ragoût.

Faire cuire encore 30 min.

Epaule de mouton aux olives noires

Faites désosser par votre boucher une belle épaule de mouton.

Hachez finement :

une demi-livre de morceaux de veau,
une grosse tranche de ventrèche (poitrine de porc),
une poignée d'olives noires dénoyautées,
deux gousses d'ail et un peu de persil.

Ajoutez quelques tranches de pain rassis écrasées dans du vin blanc. Salez, poivrez et liez le mélange, en le travaillant bien, avec un oeuf entier battu. Farcissez l'épaule de mouton de ce mélange et ficelez-la soigneusement.

Dans une cocotte, faites fondre un peu de graisse et plongez-y l'épaule de mouton en la retournant plusieurs fois pour qu'elle dore bien de tous les côtés.

Ecrasez cinq tomates épluchées avec deux gousses d'ail et une pincée de sel et de poivre. Versez cette purée dans la cocotte et mouillez d'un verre de vin blanc. Couvrez la cocotte et laissez mijoter pendant deux heures environ. A mi-cuisson, retournez l'épaule de mouton et rajoutez éventuellement un peu de vin blanc. Profitez-en pour goûter et rectifier au besoin l'assaisonnement.

Epaule d'agneau farcie

1 épaule désossée de 1 kg,
1 verre de riz,
6 pommes de terre,
1 foie d'agneau,
125 g de lard,
mie de pain,
persil, thym, muscade,
sel, poivre,
1 jaune d'oeuf,
50 g de beurre,
1 truffe (facultatif).

Hacher le foie, le lard, deux gousses d'ail, saler, poivrer, mettre une pointe de muscade.

Ajouter du riz cuit et égoutté, mélanger et lier avec le jaune d'oeuf.

Saler l'épaule et l'étaler peau en dessous.

Couvrir la chair avec la farce, rouler, ficeler.

Couper en deux ou trois le reste des gousses.

Inciser l'épaule et l'ailler. L'enduire de beurre et faire adhérer de la mie de pain persillée.

Chauffer le four (th. 7).

Eplucher les pommes de terre, les couper en rondelles minces dans un plat à four beurré, les saler, les parsemer de truffe, de noisettes de beurre et d'un peu de thym. Mettre au four.

Poser l'épaule sur une grille au-dessus des pommes de terre.

Cuire 50 min.

Terrine de lapin aux noisettes de Coupière

1 kg de lapin désossé
500 g de poitrine de porc maigre
2 œufs entiers
100 g de noisettes effilées
2 dl de cognac
20 g de sel
100 g de poivre

Hacher finement le porc à la machine.
Hacher grossièrement le lapin.
Mettre dans une grande terrine pour mélanger avec le sel, le poivre, les œufs cuits et les noisettes.
Laisser reposer 2 ou 3 heures.
Mouler à convenance et cuire au bain-marie, à feu doux, 1 heure environ.

Lapin à la morvandelle

1 lapin de 1 200 g coupé en morceaux pour 4 personnes,
2 cuillerées à soupe d'huile, 50 g de beurre,
150 g de gras de jambon cru ou de lard gras,
4 oignons, un bouquet garni, sel et poivre,
6 tomates,
2 cuillerées à soupe de moutarde,
1 verre de vin blanc sec,
3 cuillerées à soupe de marc de Bourgogne.

Dans une cocotte, faire revenir les morceaux de lapin avec l'huile et 30 g de beurre et les retirer dès qu'ils commencent à dorer.

Mettre alors le reste du beurre dans la cocotte et faire blondir le gras de jambon ou de lard coupé en tout petits morceaux (passer au mixeur si on veut) et les oignons émincés.

Ajouter les tomates pelées et coupées en morceaux, la moutarde délayée dans le vin blanc et le bouquet garni, saler, poivrer et laisser cuire 10 min., puis passer au chinois en pressant bien pour recueillir tout le jus et remettre celui-ci dans la cocotte. Ajouter les morceaux de lapin, couvrir et laisser mijoter 30 min.

Au moment de servir, sortir avec une grande fourchette les morceaux de lapin dans un plat de service, de préférence en métal, faire chauffer le marc dans une petite casserole, le répandre sur les morceaux de viande et flamber.

Napper ensuite avec la sauce restée au chaud dans la cocotte.

Lapin à la tomate et au vin blanc

(Kenjala met Tomat un Wissi)

1 lapin de 1,5 kilogramme,
1 oignon,
1 clou de girofle,
100 grammes de lard gras fumé,
40 grammes de farine,
1 verre de vin d'Alsace (sylvaner),
champignons,
1 boîte de concentré de tomate,
sel, poivre.

Couper le lapin en morceaux et le faire mariner à sec (girofle + oignon émincé + sel + poivre) une nuit.

Dans le lard coupé en dés, faire revenir le lapin. Réserver la viande et le lard.

Faire roussir la farine, diluer avec un peu d'eau avant d'ajouter le vin blanc et la tomate.

Replacer la viande et laisser mijoter 1/4 d'heure. Au dernier moment ajouter les champignons.

Turban de lapin

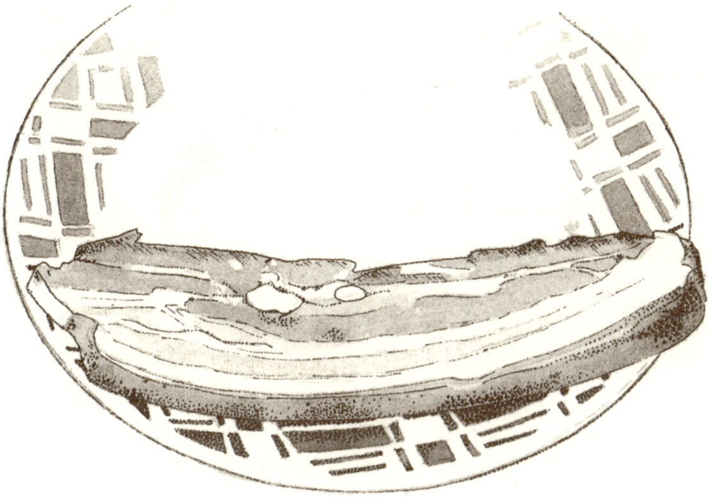

Prenez des filets piqués de lard fin : désossez le reste (et pilez-le au mortier, passez au tamis), puis le passez-le au hache-viande, ajoutez de la mie de pain trempée dans du bouillon, sel, poivre. Faites revenir la carcasse dans du beurre avec bouillon ou vin blanc ; quand c'est cuit, passez et servez-vous-en pour faire la sauce en y ajoutant des champignons et au moment de servir un peu de jus de citron.

Disposez la farce sur un plat beurré allant au feu ; dressez les filets autour ; faites cuire à feu doux, mettez la sauce au milieu.

Potée normande

Lard salé,
carottes, pommes de terre, chou.

Prendre un morceau de lard salé (qu'on aura mis quand même à dessaler dans l'eau froide).

Mettre à bouillir de l'eau dans une cocotte en fonte.

Quand l'eau bout, ajouter le lard salé et des légumes du jardin : des carottes, des pommes de terre et un beau chou (de Milan de préférence) préalablement blanchi.

Laisser cuire à petit frémissement pendant au moins deux heures.

Il ne faut pas mettre les légumes tout de suite : le chou et les carottes sont ajoutés 1 h avant la fin de la cuisson et les pommes de terre une demi-heure seulement, sinon elles seraient en bouillie.

On ne garde pas l'eau de cuisson.

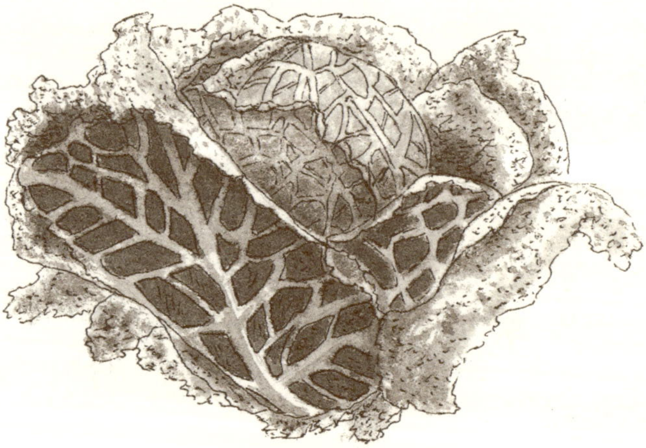

Ragoût brestois

(boeuf, veau, petit salé et saucisses)

Pour 4 personnes :

4 portions de plat de côtes de boeuf,
4 portions de plat de veau,
4 portions de petit salé entrelardé,
4 petites saucisses,
100 g de beurre,
5 petits oignons,
2 ou 3 échalotes, quelques blancs de poireau émincés, 3 ou 4 carottes, sel, poivre.

Dans une cocotte en fonte, faire fondre le beurre et y faire dorer la viande pendant quelques minutes. Y ajouter les oignons, les échalotes et les blancs de poireau qu'on aura fait rissoler à part.

Pendant ce temps, avec les carottes coupées en rondelles, on préparera dans une casserole un bouillon, qu'on ajoutera, y compris les carottes cuites, dans la marmite.

Laisser cuire. Si on le souhaite, on peut ajouter de petites pommes de terre cuites à part. En ce cas, on laissera encore 10 min à feu doux. Servir très chaud dans un grand plat.

(Recette communiquée par M. Pierre Péron, Brest.)

Boulettes de viande

250 grammes de porc,
250 grammes de veau,
1 os,
2 cuillerées à soupe de farine,
3 oignons,
petits pains trempés dans le lait,
50 grammes de beurre, 2 œufs,
sel, poivre, muscade, girofle,
persil haché, un bouquet garni.

Mêler les viandes hachées avec la mie de pain pressée, les œufs, le persil, deux oignons émincés blondis dans le beurre.

Ajouter un peu de muscade, sel, poivre. Laisser reposer 15 minutes la pâte ainsi obtenue.

Dans une marmite, mettre l'os, de l'eau, le clou de girofle, du sel, du poivre, un oignon, un bouquet garni.

Confectionner des petites boulettes et les pocher 10 minutes dans le bouillon.

Dresser sur un plat et servir avec une sauce blanche ou une sauce au raifort.

Les Volailles

Coq à la bière

1 coq de 1,5 kilogramme,
33 centilitres de bière blonde,
4 échalotes,
100 grammes de beurre,
1 grand pot de crème fraîche,
200 grammes de champignons,
persil, sel, poivre,
1 petit verre de marc d'Alsace ou de genièvre.

Couper le coq en morceaux. Faire revenir la volaille dans le beurre et un peu d'huile. Ajouter les échalotes finement émincées et les champignons et laisser dorer l'ensemble.

Mouiller avec la bière et l'alcool. Saler, poivrer, mettre le persil et laisser mijoter 1 heure.

Réserver les morceaux de coq.

A feu vif, faire réduire de moitié le jus de cuisson, lier avec la crème. Bien battre en mousse cette sauce. Dresser le plat et arroser le coq de cette sauce.

Des nouilles alsaciennes accompagnent idéalement ce coq à la bière.

Pintade aux lentilles

pour 5 à 6 personnes

1 pintade de 1,5 kg
500 g de lentilles
12 chipolatas
200 g de lard de poitrine fumée
1 cube de concentré de volaille
1 gousse d'ail et un oignon
huile, sel, poivre et thym

Trier et laver les lentilles. Les égoutter.

Dans une sauteuse, avec 50 g de beurre, mettre la pintade à revenir. Quand elle est dorée de toutes parts, saler, poivrer et jeter le gras de cuisson. Remplacer avec un peu de beurre frais, émietter le cube de concentré de volaille et mouiller avec un bon verre de vin blanc sec.

Couvrir et laisser mijoter doucement pendant 1 h, en rajoutant un peu d'eau si nécessaire.

Pendant ce temps, dans un fait-tout, faire revenir dans un mélange moitié beurre, moitié huile, le lard fumé coupé en lardons et l'oignon émincé.

Quand le tout est doré, ajouter les lentilles égouttées, 1 gousse d'ail, 1 branche de thym, sel et poivre.

10 minutes avant la fin de la cuisson, piquer les chipolatas et les faire dorer à la poêle.

Dans un plat de service chaud, dresser la pintade et les chipolatas sur un lit de lentilles (qui doivent avoir absorbé leur jus de cuisson).

Servir la sauce de la pintade dans une saucière.

Salmis de palombes

Faites rôtir les palombes.

Détachez les cuisses et les filets et mettez-les de côté après les avoir flambés à l'armagnac.

Ecrasez les foies avec les restes de viande des carcasses et mettez de côté.

Faites fondre un peu de graisse d'oie dans une cocotte, ajoutez une cuillerée à soupe de farine et tournez. Incorporez aussitôt une demi-bouteille de bon vin rouge.

Salez, poivrez et laissez épaissir un peu.

Plongez les morceaux de palombes et les foies en pommade et laissez cuire encore jusqu'à ce que la chair des oiseaux soit devenue bien tendre (vérifiez avec la pointe d'un couteau).

Servez sur des tranches de pain de campagne, dorées dans la poêle avec de la graisse d'oie, et arrosez avec la sauce.

Fricassée de poularde
(Hianerfrikasse)

1 poularde de 1,5 kilo,
1 poireau,
2 carottes,
2 petits oignons,
1 feuille de céleri,
3 feuilles de chou vert,
3 cuillerées de farine,
10 centilitres de crème fraîche,
1 jaune d'œuf,
sel, poivre.

Placer dans une cocotte la poularde coupée en 4 morceaux, disposer les légumes et recouvrir d'eau.

Après une heure trente de cuisson, passer le jus de cuisson au tamis.

Pour le roux blanc, diluer le beurre et la farine avec un peu de jus de cuisson. Remettre ce roux sur le feu 10 minutes et, juste au moment de servir, y ajouter la crème fraîche battue avec le jaune d'œuf. Servir la poularde accompagnée de cette sauce.

Magrets aux pêches

3 magrets de 400 g,
1 kg de pêches jaunes,
cannelle, girofle, gingembre, cayenne,
coriandre, cumin,
une pincée de sucre,
2 cuillerées de cognac.

Peler les pêches, les couper en deux, les dénoyauter et les plonger 2 min dans de l'eau bouillante. Les égoutter. Les mettre à macérer 30 min dans une terrine avec les épices pilées, le sucre et le cognac.

Faire cuire les magrets (voir cuisson des magrets), ôter la graisse de la poêle (la réserver pour cuire des pommes de terre).

Faire revenir les magrets, les entourer avec les pêches et les recouvrir de sauce.

Servir très chaud.

Foie gras de canard au cassis

600 g de foie de canard pour 6 personnes,
3/4 l de bon vin rouge de Bourgogne,
1 cuillerée à soupe de crème de cassis de Dijon,
200 g de cassis en grains,
1 cuillerée à café de sucre en poudre,
1 cuillerée à café de Marc de Bourgogne,
1 cuillerée à café de sel fin et quelques tours de moulin de poivre.

Faire mariner le foie gras, pendant 24 h environ, avec le sel, le poivre, le sucre et le marc.

Au bout de ce temps faire cuire les grains de cassis dans le vin quelques minutes seulement pour qu'ils restent en forme ; ajouter la crème de cassis avant de verser cette sauce très chaude sur le foie gras.

Laisser refroidir 15 à 20 min. avant de servir.

Alicot de canard gras (ou d'oie)

6 ailerons, 3 têtes, 3 gésiers, 3 cous (sans la peau), 6 pattes,
1 botte (ou 1 boîte) de salsifis,
3 carottes, 1 navet,
3 oignons, 2 gousses d'ail,
thym, laurier, persil,
sel, poivre,
2 cuillerées de graisse,
1 cuillerée de farine,
1 bol de bouillon.

Faire revenir dans la graisse, dans une cocotte en fonte, tous les morceaux de viande, en plusieurs fois, l'ail et l'oignon émincés.

Singer avec la farine, remuer, mouiller avec le bouillon, ajouter le thym, le laurier, le persil, le sel et le poivre.

A l'ébullition, mettre les légumes coupés en morceaux.

Couvrir, laisser mijoter 2 h en rajoutant éventuellement un peu de bouillon.

Si on emploie des salsifis de conserve, ne les mettre que 30 min avant la fin de la cuisson.

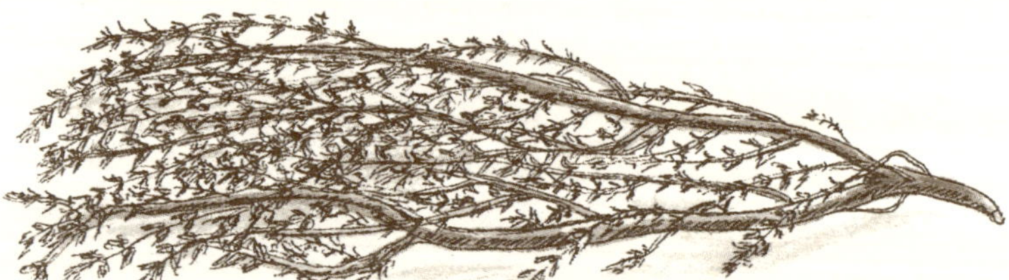

Canard au miel et au vinaigre de cidre

1 canard (avec le foie), sel, poivre,
2 cuillerées à soupe d'huile, 6 échalotes,
1 cuillerée à soupe de concentré de tomate,
15 cl de vinaigre de cidre, 2 cuillerées à soupe de miel, 2 grains d'ail, 2 brins de thym en fleur, 1 pomme, 20 cl d'eau.

Dans une cocotte en fonte faire chauffer l'huile. Ajouter le canard assaisonné, le faire revenir à feu doux 12 min, le sortir de la cocotte, ajouter les échalotes, laisser fondre 5 min. Ajouter le concentré de tomate, le miel, le vinaigre, l'ail haché, le thym, laisser réduire 1 min. Ajouter la pomme coupée en fins quartiers et l'eau, porter à ébullition, y remettre le canard et continuer la cuisson au four (préchauffé) Th 5-6 pendant 1 h 30 min Arroser souvent. Au bout de ce temps, mixer le beurre et le foie du canard. Disposer le canard sur un plat; réduire la sauce 2 min sur feu vif et monter au beurre, hors du feu. Napper-le de cette sauce après avoir vérifié l'assaisonnement.

(Recette de Patrick Lancien.)

Cailles à la crème et au Marc de Bourgogne

<u>Pour 4 personnes :</u>

1 caille par personne,
1 tranche très fine de lard fumé pour chaque caille,
1 pot de crème fraîche,
10 cl (1 verre à moutarde pas très plein) de Marc de Bourgogne,
4 à 6 petits oignons blancs ou 1 oignon moyen,
1/4 de verre d'eau ou de bouillon,
sel, poivre, herbes aromatiques.

Mettre une cuillerée à café de crème à l'intérieur des cailles ainsi que sel et poivre.

Barder les cailles avec le lard.

Faire dorer dans une cocotte ou une sauteuse, ajouter le Marc et faire flamber. Puis ajouter les oignons et un peu de bouillon ou d'eau, assaisonner, couvrir et laisser cuire doucement 40 à 45 min. puis retourner les cailles et laisser cuire encore autant.

En fin de cuisson, dresser les cailles sur un plat, lier le jus de cuisson avec 15 cl de crème et napper les cailles.

Faisan sauté de la plaine de Limagne

pour 6 personnes

2 faisans de 1 kg, 75 dl de crème fraîche, 200 g de beurre, 4 carottes, 2 oignons, 4 échalotes, 2 gousses d'ail, 2 boîtes de girolles (ou 600 g), 4 cuillerées de farine, 1 ou 2 dl de fine champagne, 2 l de rosé de pays, 50 g de concentré de tomates, 1 bouquet garni, sel et poivre.

La veille, lever les cuisses et les filets de faisans en réservant les carcasses.

Mettre à mariner le tout avec un oignon et 2 carottes émincées, le poivre en grains, les échalotes, l'ail, le bouquet garni et le rosé. Placer une assiette et un poids sur l'ensemble afin que tout baigne entièrement.

Le jour, égoutter les cuisses et les filets, faire revenir les carcasses, les carottes et l'oignon coupés en dés, saupoudrer de farine, mettre le concentré de tomates, mouiller avec la marinade. Faire frémir pendant 2 h. Faire sauter les morceaux de faisans, les flamber à la fine champagne. Mouiller avec la cuisson des carcasses passée au chinois et laisser 35 à 40 mn. Retirer les morceaux et réduire la cuisson jusqu'à l'état sirupeux. Monter à la crème fraîche et réduire à nouveau jusqu'à nappage parfait.

Poule à la crème de mémère Chefresne

Bien ficeler la poule, la mettre dans un faitout avec assez d'eau pour qu'elle baigne.

Saler, poivrer, ajouter des carottes entières et un bouquet garni.

Faire cuire 2 h à 2 h 30 selon l'âge et la grosseur de la poule. Si on met la poule à l'eau froide, on aura un bien meilleur bouillon mais la chair de la volaille sera moins bonne car elle aura perdu une partie de son suc. Si on veut lui garder toute sa saveur, il vaut mieux la mettre dans le faitout quand l'eau bout.

Pour la sauce : prendre 3/4 l de bonne crème, écraser les petits jaunes d'oeufs trouvés dans la poule et les ajouter à la crème avec une noix de beurre.

Chauffer le tout sans attendre l'ébullition et en napper la poule découpée.

Servir avec les carottes.

Garder le bouillon pour la soupe.

Poule au citron

Bien frotter une poule avec un citron coupé en deux, la faire revenir dans le beurre, jusqu'à ce qu'elle prenne couleur, mouiller avec de l'eau très chaude, ajouter une carotte, un très petit bouquet garni, très peu de condiment de façon à garder le goût du citron, laisser bouillir jusqu'à fin de cuisson.

Une demi-heure avant la fin de la cuisson, ajouter quelques petites tranches de citron avec le zeste.

Lorsque la poule est cuite, délayer dans une casserole une cuillerée de farine avec un morceau de beurre, détendre avec la cuisson de la poule, faire bouillir un peu.

Délayer deux jaunes d'oeufs avec une cuillerée de crème très épaisse, ajouter peu à peu la farine délayée, puis le reste de la sauce de cuisson, ne pas laisser bouillir, ajouter des champignons.

Une recette de mémère du Jardin que tante Jeanne affectionnait particulièrement.

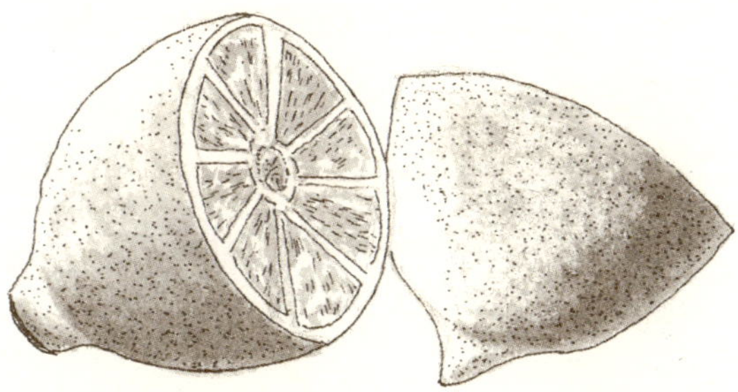

Poulet à la Maria

Faites cuire au blanc 1 ou 2 poulets; servez avec la sauce suivante :

Ayez 2 kg de grosses tomates jaune crème ; cassez-les en morceaux ; ôtez les queues et les pointes vertes, leurs eaux et les pépins, passez l'eau des tomates pour en extraire les pépins, remettez cette eau avec les morceaux de tomate dans une casserole de cuivre, ajoutez un oeuf de beurre frais, peu de sel et poivre, couvrez et faites cuire en purée, en la remuant de temps en temps avec une spatule ; versez le tout sur un tamis, laissez égoutter l'eau, passez la pulpe au travers du tamis dans la casserole, ajoutez-y 1 cuillerée de sucre en poudre, 1 oeuf de beurre ; puis étendez la purée avec de la sauce béchamel, que vous aurez faite avec la cuisson des poulets ; 15 min après, la sauce doit être à point ; cette sauce a un goût très fin et doit avoir la consistance d'une crème.

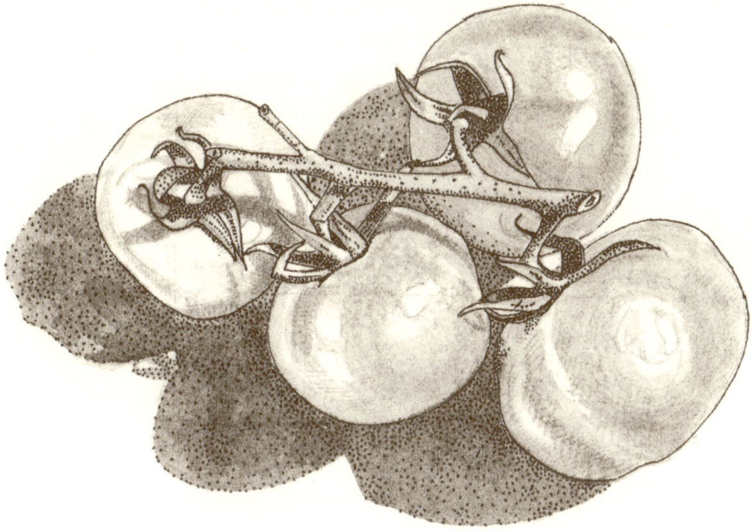

Poulet à la tartare

Flambez un poulet tendre, fendez-le par le dos et aplatissez-le.

Faites tiédir un bon morceau de beurre, y tremper la volaille salée et poivrée.

Ainsi enduit, passez-le dans de la mie de pain épaisse. 45 min avant de le servir, cuisez-le à feu doux sur le gril.

Sur le plat, presser un jus de citron et répandre autour une sauce mayonnaise (dite tartare).

Poulet pourlet à l'estragon

Placer à l'intérieur du poulet un bon morceau de beurre frais et quelques feuilles d'estragon. Saler, poivrer. Brider, barder de lard. Mettre à la marmite avec un peu de bouillon, un verre de muscadet et un beau bouquet d'estragon. Laisser cuire 3/4 d'heure.

Faire réduire le jus de cuisson. Dégraisser et arroser le poulet.

Servir avec des pommes de terre rôties.

Les sauces

Mayonnaise à la moutarde

1 jaune d'oeuf (1 seul quelle que soit la quantité de mayonnaise),
1 cuillerée à soupe de moutarde forte de Dijon,
le jus d'un demi-citron ou 1 cuillerée à soupe de vinaigre (attention, ne pas mettre de vinaigre si on utilise de la moutarde au vin blanc),
du sel, du poivre,
1 dl d'huile minimum, mais on peut en mettre le double ou le triple, saler et poivrer en conséquence.

<u>Important</u> : les ingrédients doivent tous être à la même température, de préférence celle de la pièce.

Dans un grand bol, mélanger d'abord le jaune d'oeuf et la moutarde puis ajouter progressivement, tout en mélangeant à la cuillère, au fouet ou au batteur spécial, la quantité d'huile désirée.

Puis en remuant doucement, avec une cuillère de bois de préférence, ajouter le jus de citron ou le vinaigre, le sel, le poivre et éventuellement de la tomate concentrée ou un hachis de fines herbes si on veut obtenir une mayonnaise colorée, en sachant qu'on prend un risque !

Mettre le bol quelques minutes au froid avant de servir.

Sauce enragée, pour les viandes froides

Hachez fort minces les jaunes de 4 oeufs durs, 4 échalotes, ciboule, estragon, persil ; délayez avec de l'huile, du poivre, sel.

Tournez quelque temps en ajoutant lentement le vinaigre, afin que cette sauce soit bien liée.

Découpez les viandes en tranches minces, les dressez en couronne, décorez avec des cornichons, des câpres, et des blancs d'oeufs durs.

Véritable sauce pour le lièvre

Faites roussir des oignons et 8 ou 10 gousses d'ail.

Ajoutez le foie haché et sauté dans la graisse, liez avec 2 cuillerées de farine et ajoutez 1 verre 1/4 de vinaigre, idem de bouillon, poivre, sel, feuille de laurier.

Lier avec le sang du lièvre.

Cuisson : 1 h 30

Sauce aux champignons (Montlau)

Montlau est une propriété voisine, dont Tante Marthe a ramené cette sauce :

Pour bifteck :

Hacher fin des champignons avec (un peu de) persil, ail, échalotes, et lard. Faites revenir et roussir à la casserole dans un peu de graisse, ajoutez 1/2 cuillerée de farine, 4 à 5 cuillerées de tomates, 3/4 d'un verre de vin blanc et autant de bouillon.

Laissez cuire doucement 3/4 d'heure environ. Versez sur le boeuf en le sortant du gril ou de la poêle.

Gelée

1 l de bouillon, 40 g de gélatine, 2 blancs d'œufs bien remués, 1 verre de madère. Mettre dans la casserole les blancs, le bouillon bien dégraissé, mettre sur le feu en remuant constamment avant que cela bouille, mettre la gélatine (mouillée avant à l'eau froide), et le madère. Faire bouillir, passer au linge fin.

Sauce normande

75 g de beurre,
1 oignon,
1/2 l de cidre,
1/4 l de crème fraîche,
noix de muscade râpée,
citron,
sel, poivre.

Epluchez et émincez l'oignon.

Faites-le blondir à feu doux, avec une noix de beurre.

Ajoutez alors le reste du beurre et une grosse cuillerée à soupe de farine, remuez jusqu'à ce que le mélange devienne mousseux sans prendre couleur.

Mouillez avec le cidre, salez, poivrez, mettez une pointe de noix de muscade et avant de servir, ajoutez la crème et un filet de citron en battant avec un fouet.

Cette sauce accompagne très bien les viandes et les légumes.

Sauce bretonne

Il suffit d'imaginer une famille de paysans bretons, dont le potager fournit par exemple des oignons, des poireaux, du céleri Qu'il prenne ainsi à la maîtresse de maison de choisir un peu de chaque légume, de couper tout cela en petits morceaux et de les mettre avec du beurre, du sel et pourquoi pas, une pincée de sucre! Histoire de voir.

Voici l'homme qui arrive avec des champignons. Il en prend quelques-uns, les coupe à son tour, en petites tranches et ajoute cela dans la casserole qui est déjà au feu...

Sur la table, il y a un pichet de ce vin nantais qu'on appelle muscadet. Hop, on envoie dans la casserole la valeur d'un bon gobelet. Sous l'effet du feu, tout cela réduit rapidement: Un peu de bouillon de légumes ramène les choses à un niveau normal. Le beurre est toujours à portée de la main: on en rajoute un bon morceau. Il y a de la crème dans un pot: on la verse dans la casserole. Voilà, c'est fini...

Sauce à la ravigote

Mettez dans une casserole sur le feu 2 cuillerées à civet de vinaigre ; faites réduire de moitié ; ajoutez-y une cuillerée de farine, remuez avec une spatule ; mouillez de 5 cuillerées à civet de consommé ; faites cuire 45 min ; passez la préparation au travers d'un tamis ; remettez sur le feu doux ; au moment de servir, incorporez à la sauce une cuillerée à potage de cerfeuil, autant d'estragon et une 1/2 de pimprenelle, le tout haché fin ; terminez par gros comme un oeuf de beurre ; servez dans la saucière.

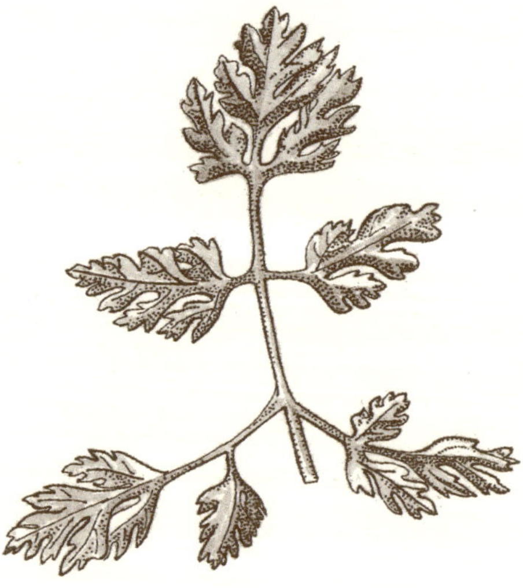

Sauce Lutèce

Mettez dans une casserole gros un bel oeuf de beurre, 7 décas de farine, faites un roux blond, joignez-y un hecto de jambon maigre coupé menu ainsi qu'un oignon, 2 gousses d'échalotes fendues en 4 et une pointe d'ail ; remuez une minute ; mouillez d'un litre de consommé et de 1/2 litre de vin blanc ; ajoutez une cuillerée à café de poivre concassé mêlé de piment rouge et d'un bouquet garni (goûtez plus tard pour le sel).

Faites partir à ébullition, ajoutez 1/2 livre de champignons en morceaux. Recouvrez aux 3/4 la casserole et laissez réduire d'un tiers ; passez la sauce à la passoire, remettez-la sur le feu, laissez-la réduire jusqu'à ce qu'elle masque la spatule ; incorporez-y 6 décas de viande ou de beurre. Battez la sauce une minute et employez ; ou tenez la sauce au bain-marie.

Dans le cas où la sauce ne serait pas assez relevée, ajoutez-y une prise de poivre de cayenne et de jus de citron.

Sauce piquante

1 ou 2 gousses d'ail,
1 gros oignon,
2 cuillerées de vinaigre,
30 g de beurre,
1/2 l de bouillon,
4 ou 5 cornichons,
30 g de farine.

Cette sauce accompagne la langue de bœuf.

Hacher l'oignon et l'ail, les mettre à cuire dans une petite casserole avec le vinaigre.

Faire un roux brun avec le beurre et la farine, le mouiller petit à petit avec le bouillon, ajouter l'oignon cuit avec le vinaigre, saler, poivrer, laisser cuire doucement 1 heure casserole couverte. On peut pour améliorer la préparation, ajouter une cuillerée de sauce tomate.

Passer la sauce et au moment de servir, ajouter des rondelles de cornichon.

Sauce poulette

C'est la sauce à la crème (béchamel légère + crème), liée avec un jaune d'œuf et du persil haché.

On y ajoute parfois le jus d'un demi-citron.

Crème de céleri-rave

100 grammes de céleri-rave par personne,
4 cuillerées à soupe de crème de riz,
20 centilitres de lait,
10 centilitres de crème fraîche,
sel.

Une fois épluché, couper en gros dés le céleri-rave et le faire cuire à l'eau bouillante salée pendant 20 minutes.

Le passer au moulin à légumes et incorporer la crème de riz préalablement délayée avec le lait.

Laisser mijoter 10 à 15 minutes.

Dans la soupière disposer la crème fraîche et verser la crème de céleri-rave.

Servir avec des croûtons.

Sauce au cerfeuil

Même processus: dans la casserole on met du beurre et du cerfeuil haché.

Comme par expérience on sait que ce satané cerfeuil a une couleur trop verte, on n'a pas manqué de le faire blanchir (ébouillanter 2 à 5 min). Le sel et le poivre ne sont pas oubliés. On pense aussi à quelques gouttes de très bon vinaigre ou à un jus de citron. Les raffinés y ajoutent quelques pincées de muscade râpée. Je ne sais plus de quel nom pompeux nos incroyables ont baptisé cette chose simple qui a le goût du cerfeuil et qu'en Bretagne on appelle sauce au cerfeuil.

Sauce à l'oseille

Elle s'obtient très exactement comme la précédente.

Recette du beurre blanc

Pour 5 personnes :

300 g de beurre,
échalotes grises hachées : 5 cuillerées,
vinaigre : 5 cuillerées,
crème fraîche : 1 verre.

Utiliser une casserole épaisse, en rejetant systématiquement tout ustensile en aluminium.

Dans cette casserole, mettre le vinaigre et l'échalote hachée. Laisser cuire à feu moyen de manière à ce que le vinaigre soit pratiquement (mais pas tout à fait) absorbé par l'échalote.

Verser la crème en tournant à la cuillère de bois. Ajouter alors le beurre par petites parcelles de la grosseur d'une noix, en veillant bien à ce que le feu ne soit jamais trop fort.

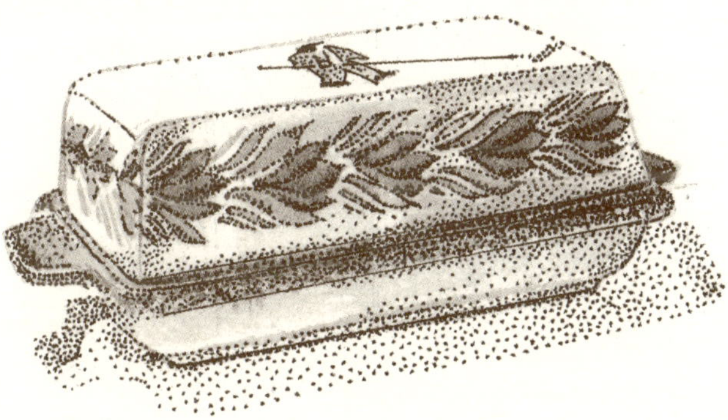

Sauce à l'Armoricaine

du beurre ou du saindoux,
des tomates,
des oignons,
de l'ail,
du persil,
du muscadet,
un bon verre de lambig (marc de cidre) ou de Cognac. Dans votre chaudron, ou votre sauteuse, mettez à votre guise du beurre ou du saindoux ou même de l'huile.

Jetez-y oignons et échalotes finement hachés et tournez à la cuillère de bois. Ajoutez les tomates pelées, épépinées et coupées en morceaux, ainsi que l'ail et le persil. Laissez fondre. Après quoi, placez le poisson ou le crustacé ou tel autre produit que vous souhaitez préparer à l'Armoricaine. Versez l'alcool et faites flamber, mouillez au muscadet et laissez cuire le temps utile (20 min si la sauce est réalisée à point).

Cette sauce à l'Armoricaine peut accompagner une multitude de mets : le homard bien sûr, mais tous les autres crustacés, certains coquillages et aussi des poissons (lotte, saumon).

Les légumes

Tomates surprise

Creusez de grosses tomates assez mûres, insérez dans le centre une croûte de pain frottée d'ail, pour maintenir la forme.

Rangez les tomates sur un plat huilé allant au four.

Faites cuire à feu doux en surveillant pour éviter l'effondrement.

Retirez la croûte, mettez un peu de sel et de poivre, puis cassez un oeuf au centre de chaque tomate.

Poudrez de chapelure dorée au beurre.

Remettez au four, juste pour faire prendre les oeufs et servez bien chaud.

Tomates farcies au fromage de chèvre

(Recette chaude)

Ecrasez du pain sec avec du lait tiède, un fromage de chèvre pas trop fort (sinon il serait trop amer et piquant à la cuisson), un peu d'ail et du persil. Poivrez, mais ne salez pas beaucoup.

Coupez les tomates en deux parties. Faites-les revenir à l'huile dans une poêle. Disposez-les dans un plat à four en terre.

Garnissez chaque demi-tomate de farce, enfournez et laissez cuire à four moyen pendant dix minutes à un quart d'heure.

Gratin de courgettes

Râpez les courgettes avec leur peau au moyen d'une râpe à gros trous. Vous pouvez aussi la passer au mixer, mais le résultat ne sera pas aussi agréable.

Dans une casserole, faites blondir à la graisse d'oie des oignons hachés, puis ajoutez la courgette râpée.

Salez et poivrez. Graissez un plat à four en terre et versez-y la préparation.

Battez deux oeufs entiers avec une cuillerée à soupe de crème fraîche et 100 grammes de fromage râpé.

Versez sur les courgettes, couvrez de chapelure et parsemez de noisettes de beurre.

Enfournez et laissez cuire à four très chaud pendant environ un quart d'heure.

Gratin d'aubergines

Faites blanchir les aubergines pour ôter leur âcreté, puis égouttez-les bien.

Dans une poêle, faites frire à la graisse d'oie des oignons hachés et des tomates.

Laissez refroidir et incorporez un beurre manié pour épaissir.

Disposez les aubergines et la garniture dans un plat à four en terre, couvrez de fromage râpé, enfournez et laissez gratiner à four moyen.

Aubergines farcies

Coupez 4 aubergines en deux dans le sens de la longueur et, après avoir retiré une partie de la pulpe, faites-les frire dix minutes à l'huile d'olive.

Faites dorer à la graisse d'oie deux cuillerées à soupe d'échalotes hachées et quatre de champignons également hachés.

Ajoutez trois cuillerées à soupe de pain rassis émietté, deux oeufs durs écrasés, une gousse d'ail hachée, sel et poivre. Travaillez bien le tout pour obtenir un mélange homogène.

Garnissez de cette farce chaque moitié d'aubergine et disposez-les dans un plat à four.

Enfournez et faites cuire 20 minutes à four chaud.

Poivrons farcis au chorizo

Cette préparation est adaptée d'une recette de tante Pauline, qui fabriquait de petites saucisses sèches très pimentées, héritage sans doute d'ancêtres espagnols du côté maternel.

Il n'est guère possible à notre époque de faire à la maison de telles charcuteries.

On obtiendra un résultat très proche avec le chorizo du commerce.

Passez légèrement les poivrons au four pour enlever la peau. Ouvrez-les par le haut et retirez les graines.

Faites revenir :

des oignons hachés,
de la chair à saucisse,
du chorizo coupé en petits morceaux,
sel et poivre.

Ajoutez-y un ou deux oeufs battus et mélangez pour obtenir une préparation bien homogène.

Remplissez les poivrons de cette farce.

Disposez-les dans un plat à four avec un peu d'huile d'olive. Couvrez-les de chapelure et arrosez avec un peu de bouillon.

Enfournez et laissez cuire à four moyen pendant environ trois quarts d'heure.

Purée d'oignons au cassis

Voilà une recette qui utilise les produits du terroir, les oignons du Val de Saône et le cassis de Dijon, mais courage pour l'épluchage et surtout l'émincage des oignons !

3 kg de gros oignons jaunes,
3 dl de vin rouge des Hautes-Côtes,
1/2 dl de vinaigre de vin et un peu moins de crème de cassis.

Éplucher les oignons et les couper en fines rondelles ; on a maintenant des robots pour le faire plus commodément, sans trop de larmes !

Les verser dans une cocotte, couvrir et laisser cuire doucement pendant 3/4 d'heure environ, mettre un tout petit peu d'eau pour que les oignons n'attachent pas au début, ensuite ils jetteront eux-mêmes leur eau.

Lorsque les oignons sont bien ramollis et l'eau pratiquement résorbée, ajouter le vinaigre, le vin et le cassis et laisser confire à découvert, en remuant de temps en temps avec une cuillère en bois, pendant 2 h 1/2.

Servir chaud, en légume, après avoir salé et poivré et ajouter éventuellement un autre assaisonnement selon le plat de viande que cette purée accompagne.

Tarte gratinée aux épinards

(spécialité du Caveau nuiton quand les Chevaliers du Tastevin y tenaient leurs chapitres mais allégée par Tante Margot).

Pour 8 personnes, un fond de pâte à tarte brisée cuite à l'avance en mettant dessus des petits cailloux bien propres pour qu'elle ne gonfle pas pendant la cuisson ou poser dessus une autre tôle un peu plus petite.

Mélanger, à froid, 300 g d'épinards cuits, en branches, avec 100 g de crème, saler et poivrer, puis étaler sur la pâte à tarte.

Parsemer de 100 g de fromage de Comté râpé et de quelques petits morceaux de beurre et faire gratiner au four.

Tante Margot sert cette tarte avec du jambon cru du Morvan.

Fonds d'artichauts farcis

Éplucher les artichauts à cru avec un couteau effilé.

Passer très près du vert des feuilles en essayant de garder un maximum de blanc.

Frotter au citron et cuire à l'eau salée.

Préparer une duxelle à cru (c'est-à-dire des champignons finement hachés et sautés au beurre).

Après évaporation, rajouter un peu de crème.

Après la cuisson, débourrer les artichauts et égoutter sur un torchon.

Puis placer sur un plat bien beurré garni de la duxelle. Parsemer de chapelure et passer à four chaud 10 minutes.

Se sert en accompagnement avec des noisettes d'agneau ou des ris de veau.

Paupiettes de céleri

Prendre des côtes de céleri très blanches, les couper en tronçons, les faire blanchir 1 mn dans l'eau bouillante, les mettre dans une casserole avec beurre, jus de viande, sel, poivre.

Lorsque le céleri est encore un peu ferme, prendre une tranche de jambon cru ou cuit par convive, mettre dedans quelques tronçons de céleri, rouler le jambon, le faire tenir avec 1 fil.

Dans un plat allant au four, déposer de la crème épaisse et le jambon.

Arroser de beurre fondu, ajouter un peu de fromage râpé et dorer au four une dizaine de minutes.

Servir très chaud.

Carottes et céleri aux petits lardons

800 grammes de carottes,
500 grammes de céleri en branches,
200 grammes de lard frais 1/2 salé,
1 oignon,
10 centilitres d'huile,
sel, poivre.

Pour blanchir les légumes :

2 cuillerées à soupe de vinaigre,
2 litres d'eau bouillante,
2 cuillerées à soupe de farine délayées dans un peu d'eau froide.

Eplucher et couper les légumes en petits cubes.

Faire bouillir l'eau salée et le vinaigre, ajouter en tournant la farine délayée.

Y disposer les légumes et laisser cuire pendant 15 minutes.

Pocher le lard coupé en dés pendant 15 minutes dans l'eau bouillante.

Hacher très finement l'oignon et le faire revenir dans le beurre.

Ajouter les légumes et le lard. Laisser mijoter couvert pendant 10 minutes.

Chou rouge bonne-femme et pommes à l'aigre-douce

1 chou rouge, 10 pommes reinettes, 1 oignon, 2 clous de girofle, muscade, cannelle, zestes de citron, laurier, 4 cuillerées de graisse, sel, poivre, 1 verre de bouillon.

Râper le chou, l'ébouillanter, l'égoutter, le faire cuire 1 h en cocotte à l'étouffée avec deux cuillerées de graisse, deux pommes émincées, l'oignon clouté de girofle, du laurier, du sel, du poivre. Peler et épépiner les pommes, les couper en quartiers. Les faire cuire doucement à couvert 20 min dans deux cuillerées de graisse avec muscade, cannelle, zeste, poivre et bouillon.

Dresser le chou sur un plat, entouré des pommes.

Très bon plat d'hiver avec des côtes de porc grillées.

Chou rouge aux marrons
(Rotkriit met Keschte)

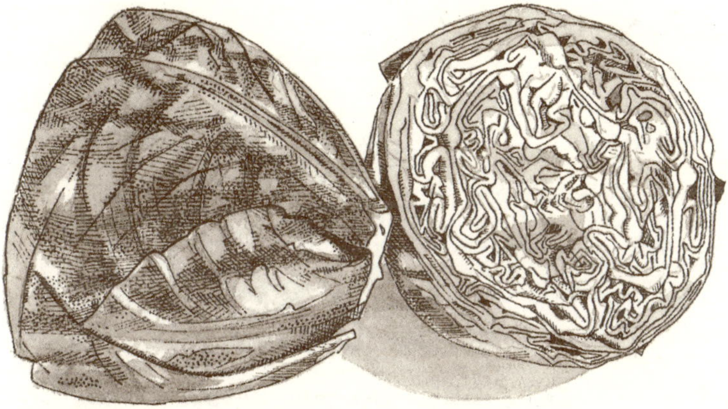

1 beau chou rouge,
beurre,
1 oignon,
sel, poivre,
25 marrons épluchés (ou plus simplement une boîte de marrons au naturel).

Laver et couper en grossières lanières les feuilles de chou. Les blanchir et les réserver.

Faire revenir dans du beurre un oignon émincé, y ajouter le chou blanchi. Ajouter les marrons, couvrir et laisser cuire 30 minutes.

Chou farci en croûte

1 chou vert moyen,
100 à 125 g de lard gras,
2 échalotes,
3 gousses d'ail,
persil,
2 oeufs,
200 g de farine,
1/4 de litre de lait environ,
sel, poivre.

Ebouillanter le chou quelques minutes et le faire cuire ensuite à l'eau bouillante salée.

Hacher fin, ensemble, le lard, les échalotes, l'ail, le persil.

Battre les deux oeufs, les mélanger au hachis.

Ajouter progressivement la farine en délayant le tout avec le lait de manière à obtenir un mélange de la consistance d'une pâte à crêpes un peu épaisse.

Saler, poivrer.

Poser un moule à tarte de 25 à 30 cm, y verser deux cuillerées d'huile et le mettre quelques minutes au four déjà chaud ; l'huile doit fumer légèrement.

Verser alors la moitié de la pâte.
Répartir dessus le chou cuit, bien égoutté et haché grossièrement au couteau.
Recouvrir du reste de pâte.
Enfourner thermostat 6-7.
Cuire environ 45 min. Le dessus doit être bien doré.
Le chou en croûte se réchauffe facilement, à feu doux, dans une poêle, avec un peu de beurre. Ainsi il sera encore meilleur.

(Recette communiquée par M. Roger Lavralle, Rennes.)

Chou au gratin

2 choux de planèze
fromage râpé
crème fraîche
noix de muscade
chapelure
quelques lardons ou dés de gras de jambon

Faire blanchir le chou avec le lard et ne conserver que les feuilles blanches qui seront déjà à moitié cuites.

Beurrer un plat à gratin, couvrir d'un lit de feuilles de chou, d'une couche de fromage râpé, d'une couche de crème épaisse parfumée à la noix de muscade, tout en parsemant de lardons ou de dés de jambon et ainsi de suite pour terminer par la crème.

Saupoudrer de chapelure et de noisettes de beurre.

Ces choux sont extrêmement délicats, tout à fait en contradiction avec la réputation que l'on fait généralement à ce légume mais pour qu'il conserve sa renommée, il faut employer des choux de Planèze, qui sont les meilleurs d'Auvergne et qui fondent sous la dent.

Panaché de légumes

Prévoyez pour 4 personnes :

500 grammes de petits pois frais,
4 belles pommes de terre,
2 poireaux,
2 tomates épluchées,
1 gros oignon émincé,
1 gousse d'ail hachée.

Coupez les légumes (sauf les tomates) en petits dés et faites-les revenir à la poêle dans de la graisse d'oie.

Ajoutez ensuite les tomates, salez et poivrez.

Laissez fondre et réduire à feu doux pendant une demi-heure. Quelques minutes avant la fin de la cuisson, ajoutez une grosse poignée de jambon du pays coupé en petits dés et, au dernier moment, une bonne pincée de persil haché.

Châtaignes blanchies (préparation)

Méthode à l'ancienne

Prendre 1 ou 2 kg de châtaignes et enlever l'écorce avec un couteau pointu.

Poser les châtaignes dans la marmite spéciale, ventrue et à col droit (l'oule). Verser 1 l d'eau très chaude, couvrir, mettre dans la cheminée sur des braises et laisser bouillir 20 min.

Avec "l'escuradour" (qu'on appelle aussi "deboueradour" : 2 morceaux de bois ronds, entaillés et cloués ensemble dans le tiers inférieur), frotter les "nouzilles" pour enlever la peau beige.

Vider la marmite, ôter les pelures, rincer.

On obtient les châtaignes blanchies que l'on accommode de diverses façons.

La cuisson la plus traditionnelle était de couvrir le fond de la marmite de feuilles de maïs ou de figuier, ou encore de tranches de raves, d'y placer les châtaignes blanchies, de les couvrir d'un linge plié en quatre et de les remettre dans l'âtre une petite heure à cuire à l'étouffée.

Méthode plus utilisée de nos jours

Avec un couteau pointu, enlever la peau des châtaignes. Les poser dans une casserole, couvertes d'eau froide.

Laisser bouillir 5 min.
Sortir de l'eau deux ou trois châtaignes à la fois et les frotter avec un linge pour enlever la seconde peau.

Châtaignes et choux de Bruxelles

750 g de châtaignes blanchies,
750 g de choux de Bruxelles,
125 g de lardons nature,
sel, poivre,
un peu de graisse,
1 bol de bouillon.

Parer les choux, les blanchir 3 min à l'eau bouillante, égoutter, mettre à cuire 30 min dans de l'eau chaude salée, égoutter à nouveau.
Faire cuire doucement les châtaignes 30 min dans le bouillon. Faire fondre la graisse dans une cocotte, y faire revenir les lardons 5 min, ajouter les choux et les châtaignes, poivrer.
Servir après 15 min.

Pommes de terre à la paysanne

1 kg de pommes de terre à chair ferme,
200 g de jambon cuit coupé en petits dés (on peut utiliser un talon de jambon, c'est avantageux),
2 gros oignons coupés en tranches fines,
1 grosse cuillerée à soupe de moutarde forte,
1 grande tasse de bouillon de poulet,
2 cuillerées à soupe de crème,
50 g de fromage râpé,
50 g de beurre,
sel, poivre et noix de muscade.

Dans une poêle, faire fondre du beurre et y faire revenir les oignons en remuant pendant environ 5 min. jusqu'à ce qu'ils deviennent transparents sans griller.

Peler les pommes de terre et les couper en rondelles assez fines et en étaler la moitié dans un plat à four beurré, saler, poivrer, râper un peu de muscade ; mettre dessus la moitié des oignons, la totalité des dés de jambon ; étaler dessus la moutarde, ajouter le reste des oignons puis le reste des pommes de terre, saler, poivrer, un peu de muscade, verser la tasse de bouillon et enfourner.

Laisser cuire 30 min. à thermostat 7 (210°) avant d'ajouter sur le dessus des pommes de terre, la crème et le fromage râpé ; cuire encore 25 à 30 min.

Ces proportions conviennent pour 4 personnes.

Râpée de pommes de terre bourguignonne

500 g de pommes de terre,
2 oeufs entiers,
10 cl de crème fraîche,
1/2 fromage blanc,
sel et poivre, noix de muscade,
quelques cuillerées d'huile pour garnir le fond d'une poêle.

Éplucher et râper finement les pommes de terre, les assaisonner et leur ajouter les oeufs battus avec la crème et le fromage blanc.

Former avec la main des petites galettes et les faire cuire dans la poêle 4 à 5 min. sur chaque face, elles doivent être bien dorées.

Servir avec une salade verte ou la salade aux lardons mais sans les croûtons.

Pommes de terre aux oignons et au lard
(Roïgabrageldi)

A l'origine, ce plat rustique cuisait sous les cendres du foyer et constituait l'ordinaire des bûcherons et de marcaires ("Melkerei"), ces paysans des montagnes qui gagnaient les chaumes à la Saint-Urbain le 25 mai pour en redescendre à la Saint-Michel le 29 septembre.

1,5 kilo de pommes de terre,
4 oignons,
200 grammes de lard fumé,
200 grammes de beurre, sel.

Dans une cocotte en fonte disposer le lard en fines lamelles. Alternativement, couvrir de pommes de terre en rondelles, d'oignons émincés et du beurre en petits dés.

Fermer la cocotte et mettre l'ensemble au four bien chaud pendant une heure.

Veiller à bien mélanger les ingrédients au moment de servir.

Estouffade de pommes de terre aux cèpes secs

pour 8 personnes

2 kg de pommes de terre
120 g de cèpes secs
30 g de beurre
50 g d'échalotes ciselées
5 g d'ail
30 cl de crème
30 cl de lait
sel, poivre et muscade

Peler et couper les pommes de terre en rondelles et mettre de côté. Faire tremper les cèpes secs dans un litre d'eau tiède pendant 12 heures environ. Egoutter, filtrer l'eau, la réduire de moitié et réserver. Faire revenir les cèpes avec le beurre et les échalotes et réserver aussi.

pour la sauce : mélanger l'eau des cèpes réduite de moitié avec l'ail, la crème, le lait, sel, poivre et muscade. Porter à ébullition en remuant de temps en temps.

pour la cuisson et la présentation : dans un plat à gratin beurré, disposer les pommes de terre en alternant avec les cèpes. Verser la sauce dessus à travers un chinois et cuire au four 45 minutes environ à 220°.

Servir aussitôt.

Morilles à la crème

750 g de morilles lavées
100 g de beurre
1 verre à liqueur de rhum ou de marc
2 verres de crème
2 jaunes d'oeufs
1 prise de noix de muscade
1 cuillerée de persil haché
(si on utilise des morilles séchées, compter 1 kg car elles ont absorbé beaucoup d'eau).

Fendre en 2 les grosses morilles et faire rendre l'eau de végétation. Réserver celle-ci et faire revenir les champignons dans le beurre. Lorsqu'ils ont mijoté 15 mn environ et qu'ils sont vernis et luisants, patinés de brun, saupoudrer légèrement de farine, sel, poivre, noix de muscade et persil haché. Mouiller avec le petit verre de rhum et l'eau de végétation réservée.

Couvrir et abandonner à elles-mêmes les morilles pendant une demi-heure environ. Elles absorberont discrètement le parfum des épices et concentreront la leur.

Pendant ce moment de répit, fouetter en neige ferme la crème et l'assaisonner. Il faut qu'elle soit légèrement poivrée. Incorporer 2 jaunes d'oeufs crus en tournant doucement et ajouter la crème à la cuisson des morilles.

A partir de ce moment-là, attention au feu ! Un peu trop d'ardeur et tout peut se gâter ! Il faut que les morilles et la crème fassent bon mélange, se racontent des petites histoires en frémissant, mais il ne faut pas qu'elles deviennent trop bavardes.

Si elles se mettent à bouillir, retirer du feu et mettre au bain-marie, en pénitence, mais ne pas laisser refroidir, ce serait fatal !

Servir chaud dans un légumier couvert.

Au moment de servir, on peut ajouter une cuillerée de jus de poulet, cela corse le plat.

Mariette, de Brioude, quand elle faisait revenir ses morilles dans du beurre, y ajoutait quelques dés de lard maigre ou de chutes de jambon

Ce sont là des variantes qui permettent, à l'initiative du jour, de jouer à l'abri de la règle, le jeu personnel qui signale son auteur.

Morilles au verjus

Retirez les queues et lavez les morilles à plusieurs eaux, très soigneusement, pour ôter la terre contenue dans les replis du champignon.

Égouttez-les délicatement au panier à salade et laissez-les sécher au moins une demi-heure sur un torchon en les retournant plusieurs fois.

Coupez-les en morceaux et jetez-les dans une sauteuse dans de la graisse d'oie bien chaude.

Lorsque les morilles ont pris couleur, salez, poivrez puis couvrez et baissez le feu.

Laissez cuire une demi-heure et, en fin de cuisson, ajoutez un peu de persil haché et un filet de verjus.

Le verjus est le jus obtenu en pressant des grains de raisin pas encore arrivé à maturité.

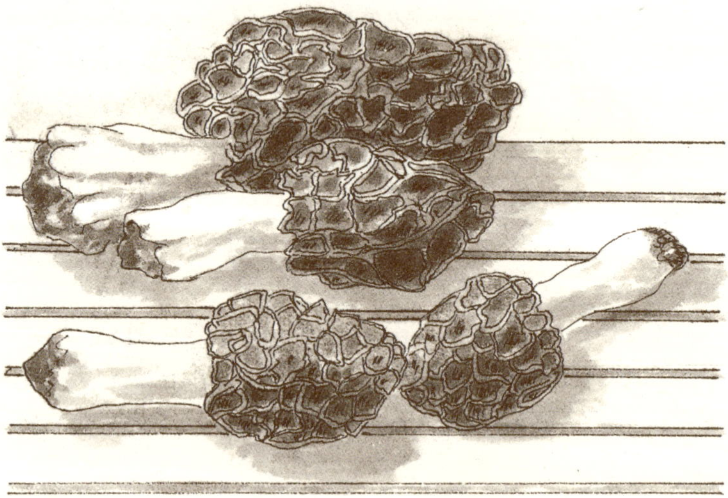

Cèpes à la Fournolaise

pour 6 personnes

1 kg de cèpes propres et émincés normalement
500 g de pommes de terre épluchées et coupées de la même façon
100 g de beurre
300 g de jambon coupé en lamelles fines
1 gousse d'ail
du persil haché

Dans un plat en terre, disposer en couches, les champignons, puis les pommes de terre, puis le jambon puis recommencer.

Terminer par le jambon. (Saler peu au départ à cause du jambon.)

Cuire à feu moyen 2 heures au moins.

Rajouter le persil haché avant de servir.

Asperges blanches à la crème

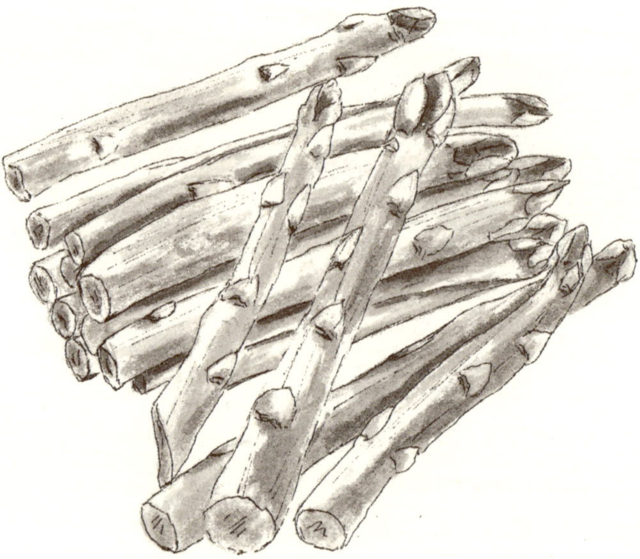

Cueillir les asperges au jardin la veille.

Bien enlever la terre et les gratter.

Les garder au frais, enveloppées dans un torchon.

Les lier en bottes (en faisant des paquets avec des asperges de la même grosseur).

Les faire cuire 8 à 15 mn, selon grosseur, à l'eau bouillante salée.

Les égoutter sur un torchon.

Faire chauffer 1/2 l de crème fraîche avec un morceau de beurre, saler, poivrer.

Servir les asperges tièdes accompagnées de leur sauce.

Laitues braisées

Faire blanchir les laitues 1/4 d'heure, rafraîchir à l'eau froide (avec beaucoup d'eau), les presser dans les mains, les partager en deux, les assaisonner de sel, poivre et noix de muscade.

Les ranger dans une cocotte tapissée de carottes et de gras de lard, les faire dorer sur le feu, puis les mouiller avec un peu d'eau ou de bouillon, couvrir d'un papier beurré et mettre au four 3/4 d'heure.

Les endives se font de la même façon, mais sans carottes.

On peut aussi faire les laitues sans carottes.

Recette de Ginette.

Petits pois "canard" aux sucs de laitue

1 kg à 1 kg 5 de petits pois,
1 laitue,
sel, poivre,
échalotes,
30 g de beurre.

Choisir des petits pois très frais, les écosser.
Faire fondre le beurre dans une casserole.
Ajouter les petits pois, la laitue lavée, mouiller avec un peu d'eau pour que les pois soient couverts.
Laisser cuire 1 heure.
Faire réduire l'eau si nécessaire.
Servir sur un plat chaud.

Betteraves à la crème de mémère Chefresne

Cuire de belles betteraves au four ou à la cheminée, dans le chaudron.

Les peler et les couper en tranches, les mettre dans un plat creux et verser dessus une bonne quantité de crème chaude.

La crème prend une belle couleur rose qui ravit les yeux avant l'estomac.

La cuisson à la cheminée donne aux betteraves un incomparable goût de fumée.

Quel régal !

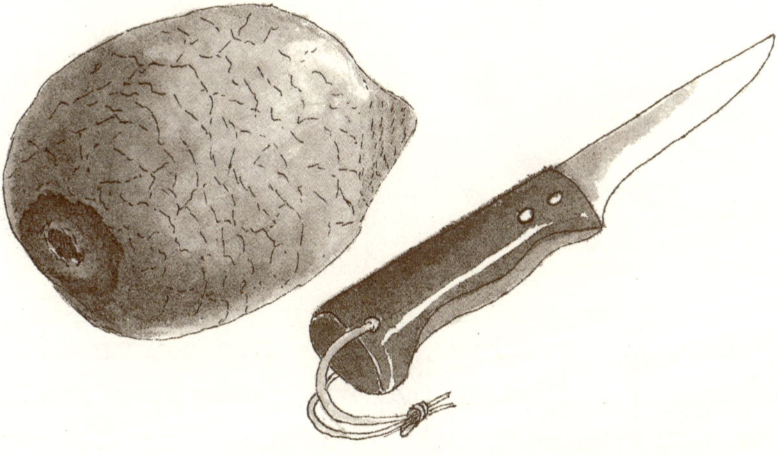

Haricots beurre aux tomates

1 kg de haricots beurre, 4 tomates, 1 oignon, 2 gousses d'ail, persil, sel et poivre, un peu de beurre.

Faire cuire les haricots éboutés dans de l'eau chaude salée.

Faire une petite fondue avec le beurre, les tomates concassées, l'ail et l'oignon hachés, sel et poivre. Laisser mijoter 20 min, y mettre les haricots égouttés, remuer, parsemer de persil haché. Laisser chauffer ensemble 10 min et servir.

Endives poêlées

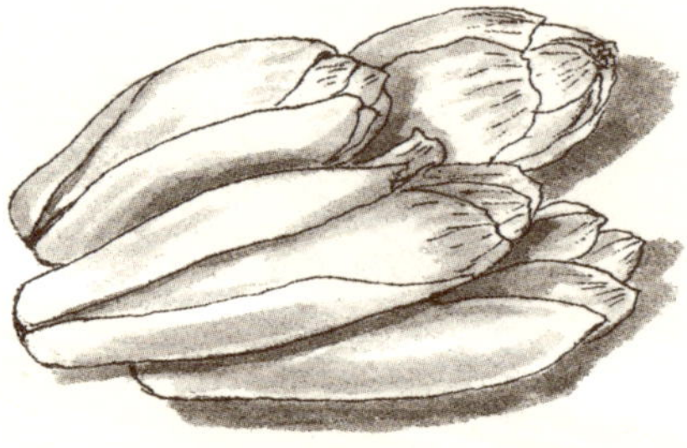

1 kg d'endives,
une noix de beurre,
sel et poivre,
un hachis d'ail et de persil,
1/2 verre d'eau.

Parer les endives, les couper en rondelles.

Faire chauffer le beurre dans une poêle, y mettre les endives, sel, poivre et eau. Couvrir. Cuire à feu vif 5 min, remuer, cuire à feu plus doux 20 min. Mettre le hachis et servir.

Les pains et les pâtes

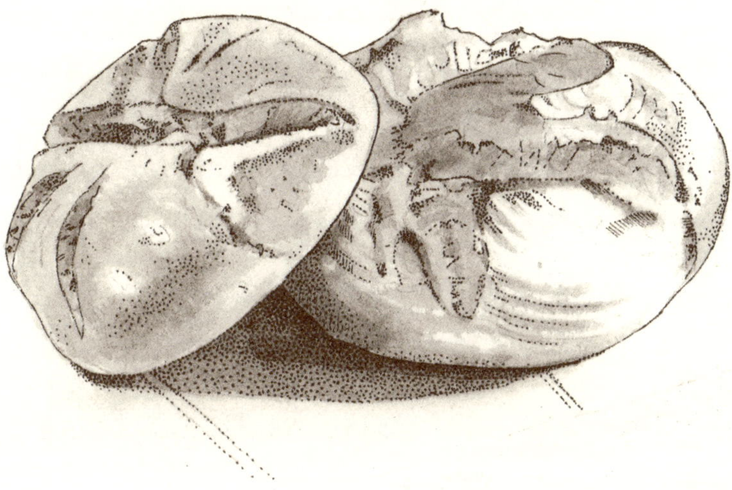

Galette de ménage

1 livre de farine,
1/2 livre de beurre, du sel,
1/2 verre d'eau.

Mélangez bien le tout avec la main ; faites-en une pâte pas trop dure que vous réunissez en boule ; laissez reposer alors la pâte 45 min, puis aplatissez-la de la grosseur du petit doigt.

Faites des incisions en carrés ou en losanges, dorez à l'œuf ; placez votre galette sur une tôle beurrée et faites cuire 20 à 30 min à four chaud (on peut ajouter à la pâte une cuillerée à bouche de sucre en poudre).

Pain farci

Prenez un pain rectangulaire, coupez-en un bout.

Evidez la mie en laissant 2 centimètres d'épaisseur sur les parois.

Préparez une farce avec viandes cuites coupées en dés : jambons, dessertes de veau, de boeuf, de volaille, œufs durs hachés, une partie de la mie de pain émiettée et passée au beurre ; assaisonnez et enrobez de gelée de viande.

Pressez fortement dans la croûte avec une cuillère en bois.

Laissez au frais pour faire prendre la gelée.

Les dessertes sont les restes de viande.

Pain de nouilles

Battre 4 blancs d'œufs en neige. Faites cuire des nouilles, hachez-les, ajoutez 125 grammes de jambon haché, 125 grammes de gruyère, beurrez un moule, garnissez-le de chapelure ; versez le mélange, faites-le cuire au bain-marie 1 heure.

Servez avec une sauce tomate ou béchamel.

Pain à l'anis

1 kg de farine,
100 grammes de beurre,
2 cuillerées à bouche de levure,
8 cuillerées à soupe de sucre pilé,
2 cuillerées à café de sel,
1 oeuf,
4 cuillerées de poudre d'anis.

Délayer avec du lait.

Pain d'épices

250 grammes de farine,
125 grammes de miel,
125 grammes de sucre,
1 cuillerée à café de bicarbonate,
1/2 cuillerée à café d'anis vert,
1 tasse à café d'eau bouillante.

Cruchade

Mettez de l'eau (ou 1/2 eau, 1/2 lait) à bouillir.

Délayez la farine de maïs à l'eau froide (une demi-livre de farine fait 3 assiettes).

Versez doucement dans l'eau bouillante et tournez sans quitter pour éviter les grumeaux.

Il faut environ 20 min de cuisson.

Salez un peu.

Versez dans des assiettes plates, laissez refroidir.

Coupez en morceaux.

Mettez sur le gril et faites frire.

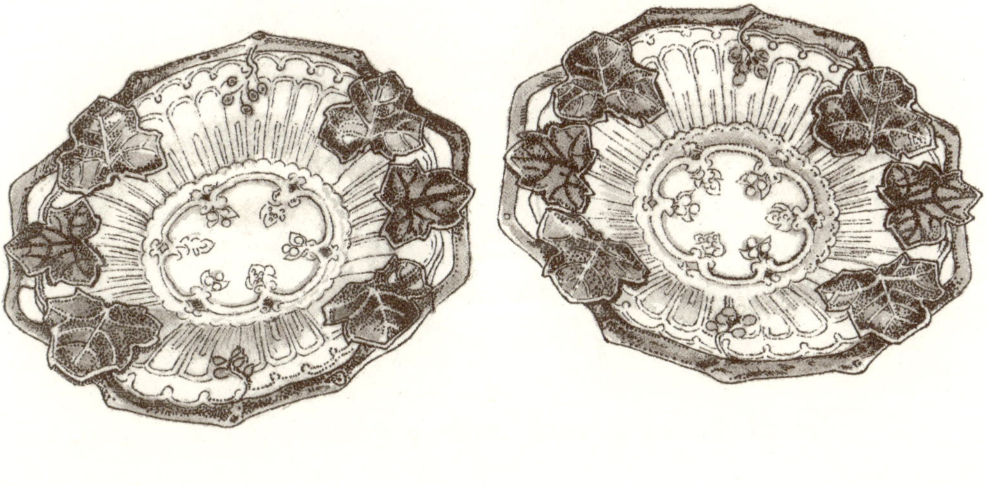

Les galettes de sarrasin de Marie-Louise

Pour 1 l de lait entier :

1 livre de farine de sarrasin,
pas tout à fait 1/2 livre de farine de blé,
3 oeufs,
1/2 cuillerée à café de sel.

Mélanger la farine, le sel et les oeufs dans une terrine. Ajouter petit à petit le lait froid.

La détrempe à galette est plus épaisse que la pâte à crêpe.

Quand on la prend avec la louche, il faut que ça file.

Laisser reposer une demi-heure au moins.

Faire chauffer la tuile (ou une poêle plate). La huiler avec un morceau de pain trempé dans l'huile.

Prendre une louche de détrempe et la verser sur la tuile. Bien l'étendre pour qu'elle soit aussi fine que possible.

La laisser dorer une minute puis la retourner avec la palette.

On mange les galettes avec des harengs salés, du lard salé ou bien des oeufs.

Recette communiquée par Marie-Louise Leprovost.

On mangeait souvent des galettes au sarrasin dans la famille de tante Jeanne.

Une mésaventure qui aurait pû être tragique est arrivée à son frère alors qu'il avait une dizaine d'années. Très friand de galette et un tantinet gourmand, comme tous les membres de la famille, le jeune Marcel a failli s'étouffer en mangeant, à trop grandes bouchées, une galette à la rave (une racine proche du navet, coupée en petits dés et dont on fourrait la galette bien beurrée).

L'anecdote circule encore!

La bouillie de sarrasin

La bouillie de sarrasin comporte les mêmes ingrédients que la galette mais on met moins de lait.

On fait une détrempe avec la farine de sarrasin, le lait, le sel et quelques oeufs pour l'enrichir.

On la cuit à feu doux, dans une casserole à fond épais, pendant une vingtaine de minutes, en remuant sans cesse pour éviter qu'elle n'attache.

On la met dans un grand plat, en faisant une fontaine au milieu dans laquelle on verse du beurre fondu chaud.

Chacun trempe sa cuillère de bouillie dans le beurre avant de l'avaler.

Recette communiquée par Marie-Louise Leprovost.

La fallue

Environ 1 kg de pâte à pain pour 2 fallues.

Faire une pâte à pain avec eau, farine, levure de boulanger, un peu de beurre, du sel.

L'abaisser au rouleau sur 3 cm d'épaisseur environ.

Façonner deux pains plats que l'on fend au milieu et que l'on pique de trous sur les côtés avec un couteau.

Mettre à four chaud (thermostat 9) pendant 20 mn.

Recette communiquée par M. Fouchard, restaurateur à Saint-Lô (restaurant Les Glycines).

Cette recette est la plus proche de celle de la fallue ancienne qu'on cuisait à la ferme dans le four à boulange, avant d'enfourner les pains de 12 livres qui cuisaient plus longtemps.

Ce pain plat et tendre permettait de faire la soudure quand on avait épuisé le stock de pain de la semaine précédente.

Pâte à tarte

1/2 verre d'eau,
1/2 verre d'huile,
1 oeuf entier,
1 pincée de sel,
plus ou moins 200 g de farine.

Bien mélanger tous les ingrédients.
Former une boule et laisser reposer 1 h avant de l'étaler.

Pâte à choux

200 g de farine,
1 cuillerée à café de sel,
50 cl d'eau,
150 g de beurre,
6 oeufs.

Mettre dans une casserole l'eau, le beurre et le sel. Amener à ébullition, verser la farine en une seule fois, baisser le feu et tourner rapidement avec une cuillère en bois 2 min.
Retirer du feu, ajouter les oeufs un à un en tournant fortement pour bien mélanger.
Laisser refroidir 15 min.

La pâte à choux peut être versée par cuillerée dans de la friture, ou cuite au four, dressée soit à l'aide d'une cuillère, soit à l'aide d'une poche à douille sur une tôle beurrée.

Mettre au four (th. 5).

La cuisson varie de 30 à 45 min.

Ne jamais ouvrir le four avant 15 min : les choux se dégonfleraient.

Spätzle (Nouilles alsaciennes)

3 oeufs, 50 grammes de beurre,
300 grammes de farine, sel,
4 litres d'eau salée.

Travailler avec une cuillère de bois les oeufs, la farine, l'eau et le sel. La pâte ne doit pas être épaisse.

Etaler un peu de pâte sur une planche de bois et découper avec la pointe d'un couteau des lamelles de pâte qui seront jetées dans l'eau bouillante salée. Les Spätzle sont cuites lorsqu'elles remontent à la surface. Les sortir aussitôt, les passer à l'eau froide et les faire revenir dans le beurre.

Nouilles Alsaciennes

400 grammes de farine, 5 oeufs,
4 ou 5 gouttes de vinaigre.

Etaler la pâte ainsi obtenue et en faire 2 ou 3 petites boules que l'on laisse reposer 1 heure 30. Une fois sèches, les rouler et les abaisser à 5 millimètres.

Couper à l'emporte-pièce des morceaux irréguliers qui seront cuits dans de l'eau salée bouillante.

Avec du fromage

Fromage Carpia

Brisez bien le lait caillé avec l'écumoire ou la main, laissez-le sur le feu pas trop chaud pour qu'il se pose bien. Mettez dans une passoire, pressez-le pour faire tomber toute l'eau qu'il contient. Après 12 h dans la passoire, sortez-le et salez-le dans une assiette pendant 2 jours. Mettez-le sur une planche trouée pendant 15 jours en le tournant et le frottant avec la main ; s'il moisit, lavez avec un linge humide.

Marthe de Baritault du Carpia reproduit plusieurs recettes de la propriété ancestrale de la famille, qui lui appartient toujours. Elle en boit également le vin rouge de ce vieux vignoble du Bazadais.

Fromage au vinaigre

Ramassez le petit lait, réservez-en la moitié dans lequel on met du vinaigre (1 verre quand on a 15 litres de lait).

Chauffez le petit lait sans bouillir. Versez-y le contenu du bol. Versez petit à petit un pichet d'eau sur le fromage pour qu'il ne bouille pas, cela jusqu'à ce qu'il monte en laissant en dessous une eau claire verdâtre.

Après l'avoir sorti du feu, laissez-le posé un moment et mettez-le dans une passoire fine jusqu'au lendemain.

Le fromage "Piâlou"

(mettre 2 accents circonflexes sur le A)

C'est un fromage fort, préparé avec toutes sortes de morceaux de fromages secs de vache ou de chèvre qui ne sont plus présentables et auxquels on ajoute du gruyère râpé ou mieux, du "meton" qui est la base de la cancoillote, un fromage blanc frais pas trop égoutté, 1 ou 2 verres de vin blanc sec, 1 verre à liqueur de Marc de Bourgogne, et un peu de beurre si les fromages employés ne sont pas très gras, du sel et du poivre. Selon les disponibilités de fromage, le goût final n'est pas toujours exactement le même.

Râper au couteau les restes de fromage et les mettre dans un pot en terre, ajouter les autres ingrédients et bien mélanger.

Mettre une assiette sur la terrine et laisser dans une pièce tempérée environ 2 ou 3 jours jusqu'à la fermentation qui se manifeste par l'odeur assez violente au nez, mais plus douce au palais.

Ce fromage se consomme en tartines, mais les vrais amateurs piquent sur une fourchette leur morceau de pain tartiné et le présentent devant un feu de braise. Le fromage entre alors en ébullition, se boursoufle et prend une couleur dorée très appétissante.

Inutile de préciser qu'il vaut mieux être devant une cheminée qui tire bien et que tous les vins blancs de Bourgogne s'accordent parfaitement avec ce délicieux Piâlou!

Soufflé au bleu de Trizac

pour 4 personnes

70 g de beurre
50 g de farine
1 demi-litre de lait
4 oeufs
100 g de bleu de Trizac
sel, poivre et 2 râpées de muscade

Faire préchauffer le four à 180°.

Ecraser le bleu ; faire une béchamel avec le beurre, la farine, le lait et les 4 jaunes.

Monter les blancs en neige.

Mélanger délicatement la préparation à ces blancs et verser dans les moules à soufflés beurrés.

Enfourner et laisser cuire 25 à 30 minutes.

Ne pas ouvrir le four pendant les 10 premières minutes de la cuisson.

Recette transmise par Mauricette Cayron de Montsalvy

Tourte feuilletée au roquefort

350 g de pâte feuilletée,
200 g de roquefort,
100 g de fromage râpé,
sel, poivre,
1 jaune d'oeuf,
2 cuillerées de moutarde,
40 g de beurre.

Partager la pâte feuilletée en deux.

Faire deux abaisses de feuilletage. En mettre une sur un plat à tarte.

Ecraser à la fourchette le roquefort avec le beurre. Le mélanger au râpé et à la moutarde.

Saler très légèrement.

Verser la préparation.

Poser la deuxième abaisse.

Pincer les deux feuilletages avec les doigts mouillés pour les coller. Dorer au jaune d'oeuf légèrement battu avec une cuillerée d'eau.

Mettre à four chaud (th. 6-7) 30 min.

Diablotins au camembert

Faire fondre 40 g de beurre, mélanger une grosse cuillerée de farine ou de fécule, mouiller d'une tasse à thé de lait, saler, poivrer et faire bouillir en remuant, ceci doit être bien épais.

Ajouter 60 g de camembert débarrassé de sa croûte et coupé en dés. Lorsque le fromage est fondu, étaler cette composition sur une plaque beurrée et farinée et lui donner l'épaisseur de 2 cm.

Laisser refroidir, couper en palets, les paner deux fois de suite en les trempant dans de l'oeuf battu et dans de la panure et les faire frire au dernier moment dans de la friture brûlante.

La préparation doit être relevée au poivre.

Corniottes

Pâte à tarte (500 g de pâte brisée).

<u>Appareil</u> :

1 fromage blanc de 250 g assez ressué,
3 gros oeufs,
200 g de fromage de Comté râpé grossièrement avec éventuellement une petite gousse d'ail,
3 cuillères à soupe de crème épaisse,
1 cuillère à dessert de moutarde de Dijon,
sel, poivre.

Mélanger le tout (si le mélange est trop liquide on a des difficultés au moment de la cuisson, il est donc important d'utiliser de la crème épaisse).

Étaler la pâte à tarte assez finement pour voir au travers ; y découper des ronds d'environ 10 cm. Comme ils ont tendance à se rétracter, les réétaler légèrement avant de déposer en leur milieu une bonne cuillerée à café de l'appareil.

Resserrer les ronds en triangles en pinçant la pâte sans refermer complètement.

Cuire à four moyen (thermostat 6 = 180°) pendant 45 min. (surveiller la cuisson au bout de 35 min. et supprimer le haut du four si nécessaire, ce qui n'est pas valable pour les fours à chaleur tournante).

On obtient environ 25 corniottes qui conviennent pour 8 personnes à l'apéritif et pour 6 personnes en entrée.

Croûtes au fromage

Cette recette permet d'utiliser du pain rassis pour un repas du soir en famille (un "après-soupe" comme on dit en Bourgogne).

Prévoir par personne l'équivalent d'un quart de baguette de pain de 250 g coupé en tronçons fendus par le milieu.

Tartiner les morceaux de pain avec du beurre.

Mettre par-dessus du fromage de Comté râpé.

Ajouter 1/2 cuillerée à café d'un mélange crème fraîche et moutarde (3/4 crème 1/4 moutarde).

Mettre sous le gril du four quelques minutes en surveillant pour gratiner à point, il suffit de 4 à 5 min.

Se mangent chaudes, avec les doigts, accompagnées ou non d'une tranche de jambon cru ou cuit, de tranches de saucisson ou d'une salade ; certaines personnes ajoutent du poivre après cuisson.

L'aligot

Faire cuire les pommes de terre à l'eau salée, les passer au tamis.

Garder sur le feu et y incorporer un morceau de beurre frais, un bol de crème, puis de la tomme grasse en quantité.

Brasser le tout jusqu'à un mélange parfait.

Servir très chaud.

Dans le Cantal, on le flambe au rhum.

Les desserts

Ile flottante aux pralines roses

250 g de pralines roses,
25 morceaux de sucre,
3 cuillerées d'eau,
6 blancs d'oeufs,
150 g de sucre en poudre.

Broyer les pralines.

Faire un caramel blond dans un moule à charlotte avec les morceaux de sucre et l'eau.

Simultanément, battre en neige très ferme les blancs d'oeufs, les mélanger délicatement avec le sucre en poudre puis les pralines moulues. Verser dans le moule et mettre au frais toute la nuit. Le lendemain, démouler sur un plat mi-creux et verser autour d'une crème anglaise.

Crème anglaise

Les 6 jaunes d'oeufs, 6 cuillerées de sucre en poudre, 1 sachet de sucre vanillé, 50 cl de lait.

Faire bouillir le lait avec le sucre vanillé.

Mélanger les jaunes d'oeufs et le sucre à la cuillère en bois. Quand le mélange est d'un blanc

mousseux, verser le lait bouillant, remuer.
Remettre dans la casserole, tourner jusqu'à ébullition. Arrêter aussitôt.
Pour éviter qu'une pellicule ne se forme pendant le refroidissement, poser quatre ou cinq noisettes de beurre.

(Recette d'Élise Aumassip).

Beignets de fleurs d'acacia

1 trentaine de grappes de fleurs d'acacia, pâte à frire, sucre, 1 cuillerée d'eau-de-vie.

Rincer les grappes de fleurs d'acacia et les arroser d'une cuillerée d'eau-de-vie. Préparer une pâte à frire un peu épaisse, la laisser reposer 1h. Y tremper les grappes de fleurs d'acacia, les plonger dans une friture bien chaude, les retourner au bout de 2 min, laisser encore 2 min, égoutter et saupoudrer de sucre.

Crème au cacao

3/4 l de lait,
2 barres de chocolat,
3 cuillerées de cacao,
3 cuillerées de sucre,
3 cuillerées de farine.

Mélanger farine, cacao et sucre.

Mettre le chocolat dans du lait, mélanger le tout et faire bouillir en remuant 25 mn.

Ajouter un peu de beurre et 1 cuillerée de rhum.

Mettre dans un moule huilé et démouler froid.

Servir avec une crème anglaise.

Crème aux oeufs sur le plat

4 jaunes d'oeufs et 1 blanc,
1/2 l de lait,
1 bâton de vanille,
12 morceaux de sucre.

Battre au fouet 4 jaunes d'oeufs et un oeuf entier, faire bouillir un demi-litre de lait avec un bâton de vanille et 12 morceaux de sucre, le verser doucement sur les oeufs battus, faire cuire au bain-marie au four.

La crème ne doit pas bouillir.

L'ajout d'un blanc d'oeuf donne à la crème une finesse particulière mais elle ne se renverse pas facilement.

Si on veut qu'elle soit plus façile à démouler, il faut employer 5 jaunes d'oeufs et deux blancs.

Recette de mémère du Yardin, transmise de mère en fille.

Crème au vin blanc
(Wincrem)

3 cuillerées à soupe de sucre,
3 oeufs, 2 cuillerées à soupe de fécule,
2 verres de vin d'Alsace, 1 verre d'eau,
1 zeste de citron.

Battre en mousse le sucre et les jaunes d'oeufs. Incorporer la farine, le vin, l'eau et le zeste râpé d'un citron. A feu très doux pour éviter l'ébullition, battre au fouet pendant 2-3 minutes. Hors du feu battre encore 1-2 minutes. Placer la crème dans une bassine d'eau froide sans cesser de la remuer doucement jusqu'au refroidissement. Incorporer délicatement les blancs d'oeufs battus en neige ferme.

Crème au kirsch

250 grammes de sucre en poudre,
4 jaunes d'oeufs, 1 grain de sel,
1/2 litre de lait,
1 cuillerée à soupe de kirsch,
1 cuillerée à soupe de fécule.

Travailler le sucre, le sel et les jaunes d'œufs à l'aide d'une cuillère de bois jusqu'à ce que le mélange s'étire sous la cuiller. Ajouter la fécule, le kirsch.

Verser doucement le lait porté à ébullition et encore chaud.

Placer l'ensemble sur le feu en continuant à tourner soigneusement jusqu'au premier bouillon.

Retirer alors du feu et verser dans une jatte que vous placerez au frais.

Crème glacée au miel et aux noix

pour 10 à 12 personnes

12 jaunes d'oeufs
500 g de lait
300 g de miel
500 g de crème fraîche
150 g de cerneaux de noix

Dans un cul-de-poule, mélanger les jaunes, le miel, le lait et la crème.

A feu doux, cuire "à la nappe".

Ajouter les noix hachées grossièrement.

Turbiner à la sorbetière.

Servir accompagné de croquants de Mauriac (page 184)

Glace aux fraises

1 ou 2 tasses de crème fraîche,
la même quantité de sucre,
1 tasse de lait pour augmenter le volume,
1 gros bol de fraises passées au presse-légumes.

Mélanger le tout au fouet et mettre au congélateur.

La recette est la même pour l'orange (mais sans lait) et pour la banane (il faut 5 ou 6 bananes).

Recette de Tante Madeleine.

Sorbet au vin de Bourgogne

Faire macérer pendant 6 heures ou plus 600 g de petits fruits (fraises des bois si possible, framboises, groseilles, cassis) avec une bouteille de bon vin rouge de Bourgogne et 1/2 l de sirop de sucre de canne.

Égoutter les fruits et mettre le jus au congélateur en le sortant plusieurs fois toutes les 10 min. pour casser les cristaux avec une fourchette.

Quand le jus est suffisamment pris en sorbet, le répartir en coupes individuelles et poser dessus les fruits macérés.

On peut faire 6 à 8 coupes avec ces quantités.

Soupe de figues au vin de Bourgogne

1 l de vin rouge de Bourgogne,
16 grosses figues (4 par personne),
200 g de sucre,
cannelle, clous de girofle, gousse de vanille et 10 grains de poivre.

Faire bouillir le vin avec le sucre et les épices pendant 10 min. et le flamber.

Ajouter les figues et faire frémir environ 20 min.

Laisser macérer quelques heures et servir en dessert avec du pain d'épices de Dijon.

Soupe aux cerises

700 g de cerises noires, très mûres,
3 ou 4 morceaux de sucre, selon les cerises,
1 dl de bon vin rouge,
un peu de cannelle et 1/2 citron,
des croûtons frits au beurre.

Chauffer le vin avec le sucre, la cannelle et le citron jusqu'à ébullition, pendant qu'on lave et dénoyaute les cerises (on peut laisser les noyaux pour donner plus de goût, mais tous les convives ne sont pas d'accord) ; ajouter les cerises et refaire juste chauffer avant de verser sur les croûtons.

C'est un "quatre-heures" excellent pour de grands enfants, sans limite d'âge !

Soupe de pêches à la crème de cassis

12 pêches pour 6 personnes,
1 l de bon vin rouge,
1/4 l de crème de cassis de Dijon,
500 g de sucre en poudre,
1 bâton de cannelle,
quelques feuilles de menthe fraîche.

Verser le vin rouge dans une grande casserole ; ajouter le cassis, le sucre et la cannelle et faire chauffer.

Plonger les pêches entières dans ce mélange et laisser cuire à petits bouillons pendant 10 min.

Sortir les pêches, les éplucher et les couper en quartiers pour les disposer en assiettes individuelles.

Remettre le jus de cuisson sur le feu et le faire bouillir à nouveau quelques minutes pour le concentrer, le laisser ensuite refroidir.

Arroser les pêches avec le jus refroidi et décorer avec des feuilles de menthe.

Cette soupe de pêches peut s'accompagner de boules de sorbet au cassis.

Poires belle dijonnaise

Faire cuire des poires épluchées et coupées en deux dans un sirop avec une gousse de vanille.

Lorsqu'elles sont prêtes, les mettre avec le sirop réduit dans des coupes individuelles (2 ou 3 moitiés de poire par personne) et verser dessus du sirop de cassis.

On peut ajouter des amandes grillées et servir avec de la glace à la vanille, soit à part, soit mise en boules avec les poires.

Croquets à la liqueur de cassis

1 oeuf,
100 g de sucre,
100 g de farine,
2 cuillerées à soupe de liqueur de cassis de Dijon,
100 g d'amandes coupées en morceaux.

Mêler tous les ingrédients pour en faire une pâte onctueuse.

Étendre cette pâte sur une plaque beurrée.

Mettre à four doux 30 min. (thermostat 5 = 160 à 170°).

Couper en morceaux de la forme et de la dimension préférée pendant que la pâte cuite est encore chaude.

Salade de fraises et de framboises à la mode de Logonna

1 kg de fraises,
500 g de framboises,
250 g de sucre,
2 oranges,
2 tranches d'ananas,
1 citron,
2 verres de vin rouge.

Préparez les fraises et les framboises, en les lavant et en les équeutant. Préparez à la casserole sur feu doux « un petit jus » avec le vin, le sucre et les oranges pressées. Vous y ajouterez la pulpe d'une dizaine de fraises et de framboises. Mettez le reste de vos fruits et vos tranches d'ananas coupées en petits morceaux dans une grande coupe. Versez le petit jus et mettez à rafraîchir.

Crêpes de Gabrielle

150 g de farine,
50 g de sucre,
2 œufs,
1/4 de litre de lait frais entier.

Mélanger les ingrédients dans leur ordre d'énumération.

Graisser une poêle avec un Sopalin humidifié avec de l'huile d'arachide.

Ajouter du beurre pour la cuisson selon le goût.

Le conseil en plus de Mamick :

Ajouter directement du beurre fondu à la préparation avant la cuisson.

(Recette recueillie par Dominique et Edith Le Merdy, Concarneau.)

Mousse au citron

3 oeufs,
200 g de sucre,
2 citrons + le zeste d'un citron,
1 cuillerée de fécule,
1 verre d'eau.

Délayez 3 jaunes d'oeufs avec 200 g de sucre. Ajoutez une cuillerée de fécule et un verre d'eau.

Mettez ensuite le jus de deux citrons et un zeste.

Portez la préparation à ébullition sur feu doux tout en remuant. Quand elle prend une consistance semblable à la crème anglaise, arrêtez et laissez refroidir.

Ajoutez les blancs en neige.

On peut remplacer le jus de citron par du jus d'orange.

Spécialité de Sainte Madeleine.

Mousse à la framboise

200 grammes de sucre,
500 grammes de framboises,
3 oeufs,
2 oranges,
20 centilitres de crème fouettée.

Presser les framboises et les oranges. Allonger éventuellement d'eau le liquide jusqu'à obtenir 4 décilitres.

Tourner les jaunes d'oeufs et le sucre, ajouter le jus des fruits et tourner constamment jusqu'à ce que la préparation nappe la cuillère.

Battre les blancs en neige, les incorporer à la crème bien refroidie, sans oublier la crème fouettée.

Servir frais.

Riz sur le plat

3 l de lait,
500 g de riz,
15 à 20 morceaux de sucre,
crème fraîche.

Faire bouillir le lait, ajouter le riz, laisser sur le feu, autant dire sans bouillir, au moins 4 h, ne pas remuer, mettre le sucre à mi-cuisson.

Lorsque le riz est cuit, ajouter un morceau de beurre et 2 bonnes cuillerées de crème.

Il est préférable de se servir d'une casserole à fond épais.

Recette de grand-mère Sébert.

La teurgoule de maman

3 litres de lait entier cru,
150 g de riz rond,
15 morceaux de sucre,
1 grand bâton de vanille.

Verser le lait dans un poêlon en terre (il ne doit pas dépasser les 2/3 du poêlon).

Ajouter le riz, le sucre et la vanille, et mettre au four.

Le riz doit cuire très doucement pendant 3 à 4 heures. Il peut frémir mais il ne doit pas bouillir.

La teurgoule est le dessert normand traditionnel.

Dans ma famille, personne ne met de cannelle dans la teurgoule contrairement à certaines recettes, on préfère la parfumer avec un bâton de vanille.

Mais il y a malgré tout deux écoles en ce qui concerne la technique de cuisson :

Il y a ceux qui crèvent plusieurs fois pendant la cuisson la croûte qui se forme à la surface du plat, ce qui colore le riz et fait épaissir la peau.

Il y a ceux qui ne touchent à rien pendant 3 heures, estimant que le riz est plus crémeux ainsi.

Question de goût...

Caillebotte

1 l de lait cru,
2 cuillerées d'eau de fleurs d'oranger,
1 grosse noix de chardonnette (foin d'artichaut sauvage que l'on trouve dans la nature ou dans une herboristerie),
125 g de sucre en poudre.

Mettre la chardonnette dans un nouet de mousseline. Verser le lait parfumé à la fleur d'oranger dans une casserole, plonger le nouet, remuer et presser plusieurs fois.

Chauffer à 60° et mettre sur le coin du fourneau 20 à 30 min, ou poser au soleil sur une pierre chaude 30 min. Lorsque le lait est bien caillé, retirer le nouet, verser le lait dans un linge fin, suspendre et laisser égoutter 12 h.

Étaler dans un plat, battre avec le sucre.

Découper en carrés (les "cailles") et mettre au froid au moins 1 h.

Fromage blanc

La Gascogne n'a pas spécialement la réputation d'une région fromagère. On y possède cependant, comme partout, des vaches à lait et la fabrication du fromage est traditionnelle dans les fermes.

Dans une terrine, versez deux litres de lait cru avec deux gouttes de présure, et laissez cailler dans un endroit tiède, au coin de la cheminée par exemple.

Au bout de deux jours, le lait doit s'être suffisamment coagulé.

Versez alors le fromage dans un linge de toile, nouez bien celui-ci et suspendez-le au-dessus d'un plat avec une ficelle.

Lorsque le petit-lait s'est complètement égoutté (il faut compter au minimum une heure), dépliez le linge et versez le fromage dans une jatte.

Ajoutez quelques cuillerées de crème fraîche et mélangez au fouet pendant cinq minutes.

Le fromage blanc frais, lisse, onctueux et mousseux, peut se consommer sucré (avec des fraises par exemple) ou salé, poivré et saupoudré d'un fin hachis de fines herbes.

Pain perdu de tante Nenette

Dans un grand saladier, écrasez les restes de pain et de brioche avec du lait et quatre jaunes d'oeufs. Malaxez pour obtenir un mélange lisse et moelleux.

Ajoutez des raisins secs gonflés pendant une demi-heure dans de l'armagnac, du sucre en poudre, un sachet de sucre vanillé et le blanc des oeufs battu en neige.

Remplissez un moule à cake de cette préparation et faites cuire au four, à feu moyen, pendant une heure.

Laissez refroidir, démoulez et servez le pain perdu coupé en tranches.

Petits pains à l'orange

Pilez au mortier (ou plus simplement aujourd'hui au mixer) 250 grammes d'amandes.

Ajoutez :

3 blancs d'oeufs,
250 grammes de sucre en poudre.

Travaillez bien le mélange pour le rendre homogène. Ajoutez à cette pâte 250 grammes d'écorces d'oranges confites et hachées.

Sur des feuilles de papier blanc, façonnez des petits pains avec la préparation.

Faites au moyen d'un couteau une fente au milieu de chaque petit pain.

Enfournez et faites cuire à four chaud pendant douze minutes. Dorez en passant sur les petits pains un pinceau trempé dans du lait sucré.

La même recette peut être réalisée en remplaçant les écorces d'oranges par des écorces de citrons.

Macarons aux amandes

Emondez 1/2 livre d'amandes, pilez-les dans un mortier en les humectant de blanc d'oeuf.

Ajoutez en pilonnant 3/4 de livre de sucre en poudre et délayez le tout en pilonnant avec des blancs d'oeufs (en tout 4 blancs), placez votre pâte sur du papier par petites boulettes, mouillez le manche d'une petite cuillère unie avec de l'eau, appuyez sur les boulettes pour leur donner la forme.

Le léger mouillement produit par la cuillère donne du brillant aux macarons.

Faites-les cuire à four doux.

Galette de plomb

250 g de farine gruau,
1 cuillerée à café de sel et 2 de sucre en poudre,
250 g de beurre,
3 jaunes d'oeufs,
lait, fleur d'oranger. Pétrir ferme, passer 2 fois. Préparer la veille, et cuire à four chaud.

Petits biscuits du Carpia

250 g de farine. Faites un creux au milieu, mettez 1/2 cuillerée à café de sel, 150 g de sucre tamisé, 75 g de beurre, 3 oeufs entiers, 2 verres à liqueur de rhum.

Travaillez bien et faites la pâte très très ferme (si elle était trop épaisse, ajoutez un peu d'eau).

Étendez au rouleau d'une épaisseur de 2 cm, coupez en ronds (avec un verre à bordeaux), dorez avec un jaune d'oeuf, mouillez la plaque légèrement, mettez les ronds de pâte et faites cuire au four dans les 10 min.

Bourdelots

Pour faire 6 bourdelots, travaillez ensemble 250 g de farine,
125 g de beurre,
1 œuf,
1 pincée de sel,
2 cuillerées d'eau.

Etendez la pâte comme une pièce de monnaie.

Pelez 6 pommes, roulez-les dans du sucre vanillé et enveloppez-les dans une rondelle de pâte ; dorez et mettez au four.

Gaufres

500 g de farine,
6 œufs,
250 g de beurre frais,

1/4 l de crème douce,
1 l de bon lait,
20 g de levure en pâte,
8 à 10 g de sel fin.

Faire un creux au milieu de la farine, mettre le sel, puis ajouter le jaune de 6 oeufs un à un. Bien travailler la pâte, ajouter la crème douce, puis peu à peu le lait que vous avez fait chauffer, ensuite les 6 blancs d'oeufs battus en neige ferme et la levure délayée dans un peu de lait tiède.

Laissez reposer votre pâte pendant 1 h dans un endroit chaud et non exposé à l'air.

Au moment de faire les gaufres, faites chauffer le gaufrier sur un feu sans fumée, mettez le beurre et à mesure qu'il fond faites-le couler dans la pâte que vous travaillez un peu pour y incorporer le beurre.

Les merveilles ou oreillettes

Dans un saladier, mélangez 500 grammes de farine, deux ou trois cuillerées à soupe de sucre en poudre, une pincée de sel, puis quatre oeufs entiers qu'il faut incorporer un à un.

Ajoutez deux noix de beurre, un sachet de levure et, pour parfumer, un petit verre d'armagnac.

Délayez cette pâte avec un verre de lait ou d'eau tiède pour obtenir une pâte consistante.

Etendez-la au rouleau à pâtisserie, puis détaillez-la en petits carrés que vous décorerez d'incisions.

Jetez les carrés dans une friture de graisse ou d'huile et retirez-les lorsqu'ils sont dorés.

Egouttez-les sur un papier absorbant.

Servez-les saupoudrés de sucre en poudre.

Armoises

Cette très ancienne recette de pâtisserie du Comté d'Astarac se cuisinait jadis en automne, après les moissons.

Pour 5 personnes :

Disposez dans un saladier 250 grammes de farine de maïs grossièrement moulue (ou de la polenta s'il vous est plus facile de vous en procurer).

Creusez dans la farine un puits dans lequel vous ajouterez un jaune d'oeuf et du sucre et amalgamez en tournant doucement. Ajoutez l'équivalent d'un verre d'eau et continuez à travailler le mélange jusqu'à obtention d'une pâte bien lisse, mais suffisamment épaisse pour former des palets d'environ un centimètre d'épaisseur.

Mettez ceux-ci à dorer à la poêle dans de la graisse d'oie fine et bien chaude.

Une fois tournés et retournés, déposez-les dans un plat et servez-les tièdes après les avoir saupoudrés de sucre.

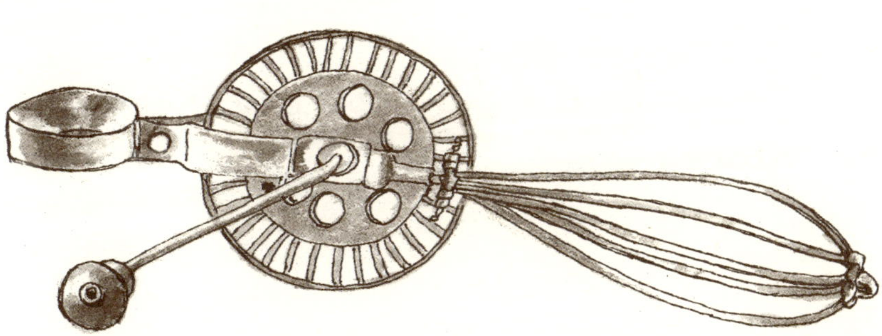

Sablés à la vanille
(Vanille Bredler)

75 grammes de sucre,
250 grammes de farine,
2 sachets de levure,
125 grammes de beurre,
sucre glace,
1 oeuf.

Mêler la farine et la levure.

Creuser une fontaine et y casser l'oeuf. Ajouter les sucres et le beurre en petits morceaux.

Travailler rapidement l'ensemble et laisser reposer au frais 2 heures.

Abaisser à 1/2 centimètre.

Découper à l'emporte-pièce des motifs variés et les disposer sur une plaque beurrée et farinée.

Cuire à four moyen 10 minutes environ.

Une fois refroidis, décorer au sucre glace.

Pommes farcies cuites au four
(Gfellti Aepfel em Backoffa)

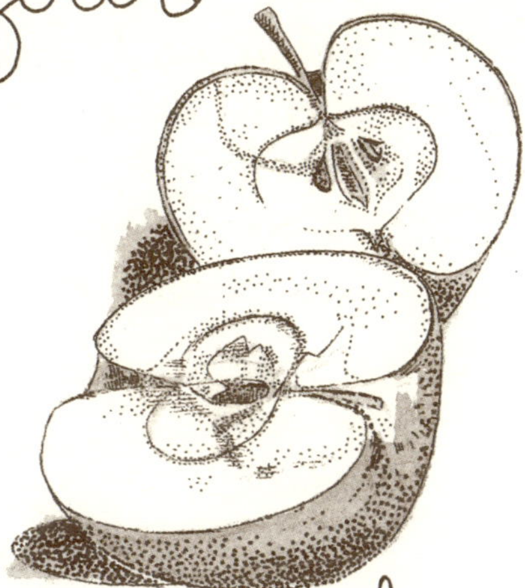

10 pommes,
100 grammes de noisettes ou amandes moulues,
3 cuillerées à soupe de sucre,
50 grammes de beurre,
20 centilitres de crème fraîche.

Eplucher les pommes et retirer les coeurs. Dans une casserole griller les amandes (ou noisettes) dans le beurre avec le sucre.

Ajouter la crème fraîche. Disposer les fruits dans un plat beurré allant au four.

Verser un peu de ce mélange dans chaque pomme.

Déposer une noisette de beurre sur chaque fruit et enfourner à four chaud une vingtaine de minutes.

Barquettes de marrons du Forez

250 g de pâte sucrée
250 g de beurre
500 g de pâte de marrons
150 g de chantilly
sucre glace
du rhum et un peu d'eau

Garnir de petites barquettes de pâte sucrée. Cuire en prenant la précaution de garnir les barquettes de haricots pour empêcher la pâte de monter.

Réaliser une crème au beurre et marrons.

Faire bouillir de l'eau avec un peu de rhum. Détendre la crème chantilly et y ajouter la crème au beurre de marrons.

Remplir les barquettes et saupoudrer de sucre glace.

Tartes, fruits et gourmandises

Tarte aux prunes à l'ancienne

un fond de pâte brisée étalée et mise dans la tourtière,
1 cuillerée à soupe de semoule ou de tapioca,
100 g de sucre en poudre,
2 oeufs,
100 g de crème fraîche.

Saupoudrer la pâte avec la semoule ou le tapioca et installer les prunes dénoyautées et coupées en 2 s'il s'agit de quetsches, sinon entières, mais toujours avec la peau, sur la pâte.

Saupoudrer avec une partie du sucre.

Cuire au four préchauffé, à thermostat 8 (240°), pendant 15 min.

Battre les 2 oeufs avec le reste du sucre et la crème, verser sur la tarte à moitié cuite et remettre 20 min au four.

Tarte au citron

Préparez un fond de tarte, faites-le cuire ; puis garnissez-le de la crème suivante :

3 oeufs, une tasse à café de sucre,
1 tasse 1/2 d'eau bouillante,
2 cuillerées de farine, 1 zeste de citron et le jus de 2 autres.

Mélangez d'abord les jaunes d'oeufs et le sucre, ajoutez le zeste et le jus de citron, la farine. Ajoutez l'eau bouillante peu à peu (bien délayer).

Mettez au feu sans cesser de tourner jusqu'à ébullition. Lorsque la crème est assez épaisse, versez sur le fond de tarte. Recouvrez ensuite la crème des blancs d'oeufs battus en neige ferme et largement saupoudrés de sucre en poudre.

Mettez au four jusqu'à ce que le meringage soit doré.

Servez froid.

Deuxième recette : mélangez les blancs en neige à la crème et mettez au four une dizaine de minutes (pas toujours réussie).

La tarte au vin

<u>Pour 6 à 8 personnes</u> faire une pâte avec :

500 g de farine,
1 oeuf entier + 1 jaune,
350 g de beurre,
1 pincée de sel,
300 g de sucre.

Laisser reposer cette pâte environ une heure avant de l'étendre et de la faire cuire pendant 20 min. à blanc (en posant dessus un papier d'aluminium et de petits cailloux) dans un four à thermostat 8 (240°), soit dans un grand moule, soit en moules individuels.

Pendant la cuisson de la pâte, faire chauffer dans une casserole 4 dl de Bourgogne aligoté, verser ce vin chaud sur 3 oeufs battus au fouet avec 130 g de sucre, bien mélanger et ajouter 40 g de beurre et un peu de cannelle, laisser refroidir et garnir la pâte à tarte déjà cuite et remettre au four 20 min. à thermostat 5 (160°) avec la porte du four entrouverte pour permettre l'évaporation.

Tarte aux fleurs de sureau

350 g de pâte à tarte,
1 tasse de fleurs de sureau,
1 pot de fromage blanc,
120 g de sucre en poudre,
6 blancs d'oeufs,
10 biscuits à la cuiller,
12 cuillerées de sirop d'orgeat.

Étaler la pâte, en garnir un moule à tarte (environ 28 cm de diamètre) beurré. Émietter les biscuits à la cuiller, les réduire en poudre fine.

Battre les blancs d'oeufs à demi, y mélanger la poudre de biscuits, le fromage, le sucre, le sirop. Quand le mélange est bien lisse, ajouter les fleurs de sureau. Garnir l'abaisse de pâte.

Mettre à four chaud (th. 7) 40 min.

Servir chaud.

Tarte au fromage blanc

(D'r K'üeche)

Pour la pâte :

250 grammes de farine,
135 grammes de beurre,
1 sachet de sucre vanillé,
40 grammes de sucre,
5 centilitres d'eau ou de lait.

Pour la garniture :

500 grammes de fromage blanc,
1 décilitre de crème fraîche,
3 œufs,
40 grammes de fécule,
150 grammes de sucre,
1 sachet de sucre vanillé,
éventuellement des raisins secs marinés dans du kirsch ou du rhum.

Mélanger la farine avec le beurre coupé en petits morceaux, ajouter le sucre, le sel et peu à peu l'eau ou le lait.

Laisser reposer la pâte roulée en boule pendant 1/2 heure (minimum) au frais.

Abaisser la pâte et en foncer un moule.

Dans une jatte, fouetter le fromage blanc, la crème fraîche, les jaunes d'œufs, la fécule, et le sucre vanillé et en poudre.

Battre les blancs d'œufs en neige ferme et les incorporer délicatement.

Disposer ce mélange dans le moule et faire cuire 45 minutes au four thermostat 7 (210°).

Tarte aux myrtilles aux pistaches

<u>pour la pâte sucrée</u> : 150 g de beurre, 250 g de farine, 2 oeufs, 100 g de sucre glace, 30 g de poudre d'amandes.

<u>pour la crème pâtissière</u> : 25 cl de lait, 3 jaunes d'oeufs, 20 g de maïzena, 40 g de sucre, 50 g de brioche émiettée.

Confectionner la pâte en mélangeant dans l'ordre le beurre en pommade, le sucre glace, les oeufs, la poudre d'amandes et à la fin la farine. Mettre au frais jusqu'au lendemain.

Le lendemain, mélanger dans un peu de lait, les jaunes d'oeufs et le sucre.

Faire bouillir le lait restant, le verser sur le mélange et cuire en remuant constamment. Compter 30 secondes après l'ébullition.

Ajouter ensuite la pâte pistache, poser par-dessus la brioche émiettée et recouvrir avec les myrtilles.

Cuire ensuite environ 10 à 15 minutes de manière à faire éclater les myrtilles.

Cette tarte se sert fraîche à la même température que la pièce.

La galette des rois traditionnelle d'Auvergne

500 g de pâte à pain contenant du levain, 4 œufs entiers, 150 g de beurre, 60 g de sucre en poudre

Acheter la pâte à pain chez le boulanger.

Incorporer successivement les 4 œufs entiers, le sucre et le beurre. Laisser lever la pâte sous une serviette, à côté du fourneau. Il faut que la consistance de la pâte soit assez ferme.

Avec un verre de cuisine en guise d'emporte-pièce, on la troue au milieu. Avec un couteau, fendre en étoile, c'est-à-dire en 5 parties égales, sans aller jusqu'au fond de la pâte. On rabat ensuite les morceaux coupés sur le dessus de la couronne.

Sous chaque morceau de pâte, rabattre et placer une praline rose ou une fève.

La fève donnera à celui qui la trouvera, le droit de choisir son compagnon de fête... et le droit d'offrir à son tour un autre gâteau !

Biscuit aux blancs d'œufs
(Biskuit vo Eiwiss)

Ce biscuit aérien est un régal.

6 blancs d'œufs,
100 grammes de beurre,
200 grammes de sucre,
150 grammes de farine.

Battre les blancs d'œufs en neige très ferme puis incorporer délicatement la farine et le beurre bien amolli.

Bien beurrer le moule à biscuit et cuire 40 minutes à four moyen.

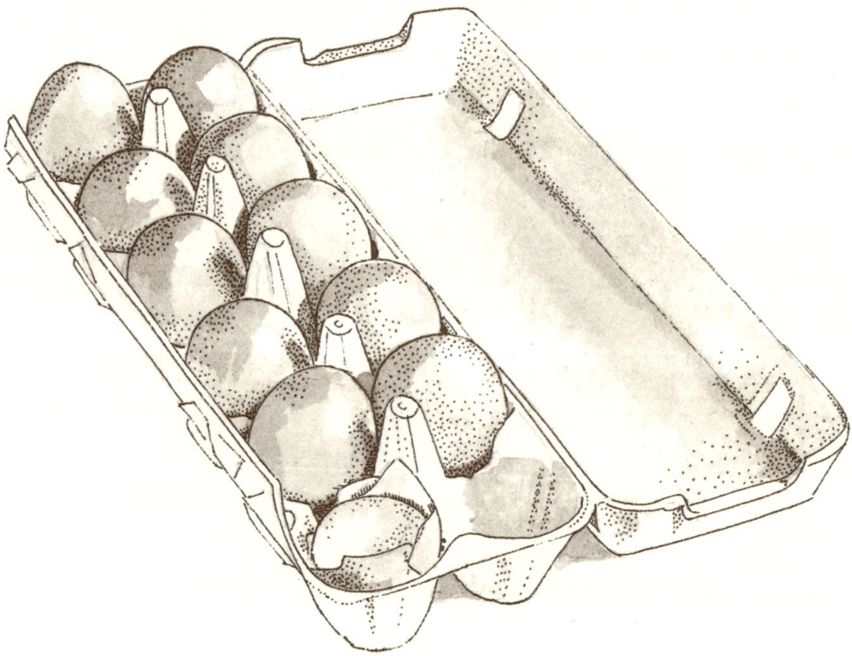

Diplomate au cassis

Se fait sans cuisson dans un moule à charlotte.

Il faut :

225 g de biscuits à la cuillère,
100 g de macarons rassis,
500 g de confiture de cassis,
1 grosse boîte de poires au sirop (4/4)
4 cuillerées à soupe d'un alcool de fruits.

Égoutter les poires en gardant le sirop et les couper en tranches d'un cm environ.

Tapisser le fond du moule avec une couche de biscuits trempés légèrement dans le sirop auquel on a ajouté l'alcool, côté arrondi contre le fond, puis une couche de poires, une couche de confiture, une couche de macarons émiettés et recommencer en finissant par une couche de biscuits, le côté plat tourné vers le haut.

Couvrir avec une petite assiette, poser dessus un poids d'un kg et mettre au moins 12 h au réfrigérateur.

On aura réservé au moins 2 cuillerées de confiture et 1 cuillerée d'alcool ; au moment de démouler, les délayer avec 1 cuillerée à soupe d'eau chaude pour en napper le gâteau.

Remettre au frais avant de servir.

Millas de citrouille

1 beau quartier de citrouille,
5 cuillerées de farine de blé,
15 cuillerées de farine de maïs,
10 cuillerées de sucre en poudre,
1 gousse de vanille,
1 cuillerée d'eau de fleurs d'oranger,
1 paquet de levure,
6 oeufs,
50 cl de lait.

Peler et égrener la citrouille, la couper en gros dés, la poser dans une casserole, couvrir d'eau bouillante et cuire 15 min. La verser dans une passoire.

Faire mousser la levure dans un peu d'eau, chauffer le lait avec la vanille.

Dans un saladier, verser les deux farines, la levure, les oeufs, le sucre, l'eau de fleurs d'oranger, la moitié du lait (sans la vanille).

Lorsque la pâte est bien lisse, ajouter la citrouille bien égouttée et écrasée à la fourchette, puis le reste du lait.

Quand le mélange est homogène, verser dans un moule à manqué beurré.

Faire cuire 30 min (th. 6).

Démouler.

(Recette de tante Renée).

Millard
(clafoutis auvergnat)

pour 4 personnes

500 g de cerises
160 g de farine
200 g de sucre
3 œufs
1 demi-litre de lait
30 g de beurre et du sel

Mettre les cerises équeutées dans un saladier avec 2 cuillerées de farine afin d'enrober légèrement les fruits.

Mettre le reste de la farine dans un autre saladier et faire un puits dans lequel on verse les œufs, une pincée de sel et le sucre.

Verser le lait petit à petit en faisant des cercles de plus en plus larges, sans faire de grumeaux.

Beurrer un moule à gratin et verser la pâte. Ajouter les cerises et mettre au four, thermostat 7 pendant 35 minutes.

Miasson

Prenez 1 livre de farine de maïs; mettez un peu de fleur d'oranger, salez, sucrez avec 3 cuillerées de sucre pilé. Délayez avec du lait froid, que la pâte soit plutôt molle que dure.

Graissez ou beurrez un plat, y verser la pâte et mettez au four bien chaud. Lorsque le gâteau est cuit d'un côté, vérifiez avec un couteau, retournez-le et remettez-le au four 10 min environ.

Galette de Heby

Faites une pâte brisée avec 500 g de farine, 350 g de bon beurre, 1 pincée de sel, 2 cuillerées de sucre en poudre et l'eau nécessaire (1/2 verre).

Quand la farine est incorporée à la pâte, assemblez la pâte, brisez-la une seule fois avec les deux mains, puis moulez-la, abaissez-la en lui donnant 2 ou 3 tours comme un feuilleté.

Laissez reposer 7 à 8 min, puis abaissez-la de forme ronde en lui donnant l'épaisseur de 3 à 4 cm.

Coupez les bords en les cannelant à l'aide d'un petit couteau. Posez-la aussitôt sur une tourtière en la renversant, dorez-la, rayez-la en carreaux, cuisez au four modéré, glacez-la au sucre et servez sur une serviette.

Gâteau au chocolat

1/4 de beurre, 1/4 de sucre en poudre, 1/4 de chocolat râpé, 2 cuillerées de farine, 2 jaunes d'œufs. Mélangez le tout sur feu doux sans faire bouillir jusqu'à ce que le tout soit fondu. Ajoutez les 2 blancs battus en neige ferme. Remuez encore et mettez dans un moule bien beurré et enfournez 20 min à four modéré.

Servez froid avec une crème à la vanille.

Pompe aux pommes

pour 12 personnes : 500 g de farine, 400 g de beurre, 100 g d'eau, 10 g de sel, 4 oeufs, 1 kg de pommes et du sucre.

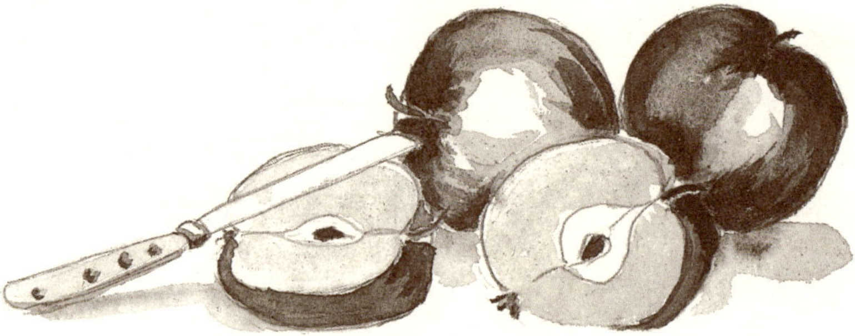

Faire fondre le beurre.

Battre 3 oeufs et ajouter le sel, le beurre fondu tiède et en dernier la farine. Bien mélanger et mettre 20 mn au réfrigérateur.

Travailler légèrement à la main la pâte obtenue. Elle est prête à l'emploi.

Eplucher et épépiner les pommes puis les couper en tranches.

Etendre la pâte en deux parties. Dresser une partie dans un moule à tarte et garnir avec les pommes. Ajouter du sucre selon le goût.

Recouvrir avec la deuxième partie de la pâte et souder les bords.

Battre le 4ème oeuf et étaler sur la pompe.

Cuire au four 45 minutes à 180°/200°.

Flan à la rhubarbe de Mamette

100 g de sucre en poudre,
75 g de farine,
3 oeufs,
2 cuillerées à soupe de crème fraîche,
1 sachet de levure,
1/2 verre d'eau,
une pincée de cannelle,
6 tiges de rhubarbe,
12 belles fraises,
1 cuillerée de sucre,
1 jus de citron.

Mettre la levure à gonfler dans l'eau.

Malaxer au mixer (ou mélanger au fouet) la farine, les oeufs, le sucre, la levure, la crème et la cannelle.

Peler les tiges de rhubarbe, les rincer, les couper en petits morceaux.

Beurrer un moule à tarte, y déposer la rhubarbe, recouvrir de l'appareil préparé.

Mettre 30 min au four (th. 6).

Laver et équeuter les fraises, les couper en deux, les saupoudrer de sucre et les arroser de jus de citron.

Démouler le flan refroidi, le garnir avec les demi-fraises.

La renverse de framboises de Raymonde Charlon

4 à 6 personnes, <u>préparation</u> : 15 min,
<u>cuisson</u> : 25 min

500 g de framboises,
4 cuillerées à soupe de sucre cristallisé,
125 g de farine,
1 sachet de levure chimique,
125 g de sucre,
3 œufs,
100 g de beurre fondu en pommade,
1 grosse noisette de beurre (pour le moule),
1 citron

Beurrer largement un moule à manqué de Ø 24 cm. Répartir les framboises sur le fond et les saupoudrer de sucre cristallisé.

<u>Préparer la pâte</u>

Séparer les jaunes des blancs des 3 œufs. Tourner les jaunes en mousse avec le sucre (5 min). Ajouter le zeste râpé et le jus de citron. Incorporer petit à petit la farine mélangée à la levure puis le beurre fondu.

Fouetter les blancs d'œufs en neige avec une pincée de sel et les amalgamer délicatement à la pâte. Verser la pâte dans le moule. Faire cuire 25 min dans le four préchauffé sur Th 6 ou 200°.

Laisser bien tiédir avant de renverser. Couvrir le gâteau de framboises. Servir accompagné d'une jatte de crème fraîche légèrement sucrée.

Peut se faire également avec des mûres.

Pastis

Ingrédients :

12 oeufs, 1 kg de farine,
500 grammes de sucre,
20 centilitres de rhum,
fleur d'oranger,
vanille,
330 grammes de beurre,
125 grammes de margarine,
70 centilitres de lait,
50 grammes de levure de boulanger.

Faites fondre le beurre, la margarine, et ajoutez le lait et le sucre.

Battez les oeufs en omelette, versez beurre, margarine, lait, sucre, vanille, fleur d'oranger et rhum, mélangez bien et incorporez petit à petit la farine et le levain en battant le tout avec les mains assez longtemps.

Laissez monter le pastis, puis remplissez à moitié le moule beurré pendant que l'on chauffe le four à bois.

Enfournez et laissez cuire à feu doux pendant une heure.

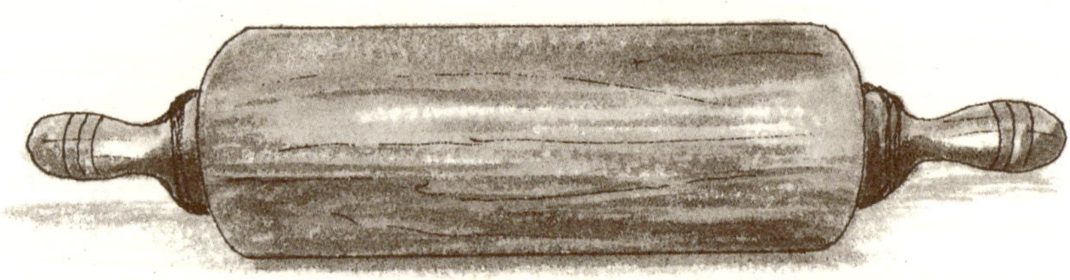

Clafoutis

Peut se faire avec des cerises, des prunes ou des pruneaux.

Dans tous les cas, compter :

500 g de fruits non dénoyautés,
10 cuillerées de sucre en poudre,
1 paquet de sucre vanillé,
2 cuillerées de farine, 3 œufs,
125 g de crème fraîche.

Mélanger au fouet tous les ingrédients jusqu'à obtenir une pâte lisse.
Beurrer un moule en terre, installer les fruits bien serrés, verser dessus le mélange.
Faire cuire 30 min à four chaud (th. 7).
Saupoudrer de sucre.
Ne pas démouler. Servir tiède ou froid.

Gâteau de riz

1 l de lait bouilli,
300 g de riz,
150 g de sucre,
beurre.

Faire bouillir le riz 2 à 3 mn dans 1 litre et demi d'eau. Égoutter et rafraîchir.

Faire cuire avec le lait et ajouter le sucre au bout de 10 mn de cuisson. Couvrir et laisser cuire à petit feu 15 à 20 mn. Ne jamais remuer.

Retirer du feu, mêler les fruits confits (60 g environ) et lier le tout avec 3 jaunes d'oeufs.

Fouetter les blancs en neige et les mélanger délicatement au riz.

Verser dans un moule bien beurré.

Mettre le gâteau au four 35 mn à chaleur douce.

Servir avec une crème anglaise (à la vanille ou au chocolat) ou une sauce aux abricots ou même au rhum.

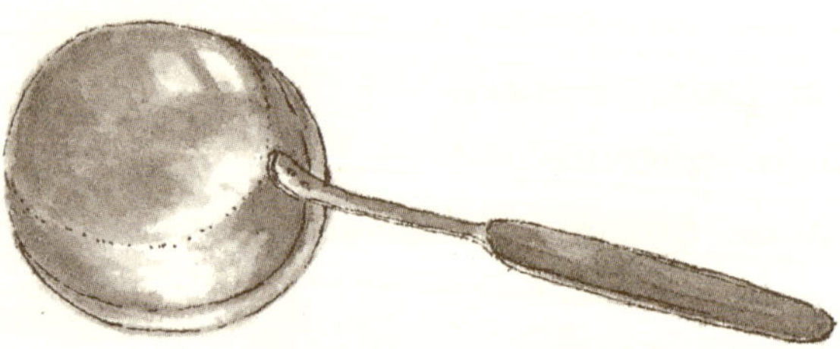

Baba ou savarin

250 g de farine,
6 à 8 g de levure de boulanger,
4 à 5 cuillerées de lait,
5 g de sel,
1 cuillerée de sucre,
125 g de beurre,
3 oeufs.

Mettre 1/4 de la farine dans une terrine avec la levure délayée dans le lait tiède.

Bien mélanger, la pâte doit être molle. Si elle est dure, ajouter un peu de lait.

La laisser lever dans un endroit chaud, la couvrir.

En 25 à 30 mn, le levain doit augmenter de moitié.

Travailler le reste de la farine avec 3 oeufs entiers, ajouter le sel, le sucre puis peu à peu le beurre ramolli et enfin le levain.

Verser dans un moule beurré que l'on ne remplira qu'à moitié.

Laisser lever dans un endroit chaud pendant 1 h.

Au bout de ce temps, le moule doit être plein.

Mettre à four modéré.

Dès que le gâteau est cuit, le démouler et l'arroser avec un sirop de sucre aromatisé au rhum.

Recette de Saint-Samson.

Le gâteau au citron du samedi

4 oeufs,
1 tasse à thé de sucre,
2 tasses à thé de farine,
1 tasse à thé de peau de lait bouilli,
1/2 paquet de levure alsacienne,
le jus de 2 citrons et un zeste.

Bien mélanger le sucre, la peau de lait et les oeufs.
Ajouter le jus de citron et le zeste.
Ajouter petit à petit la farine à laquelle on aura mêlé la levure.
Battre les blancs en neige et les incorporer délicatement au mélange.
Beurrer un moule à cake, y verser la préparation et cuire à four doux pour commencer puis un peu plus chaud.

Il faut compter 50 mn de cuisson à four pas trop chaud (thermostat 6).

Ce gâteau du samedi était très attendu toute la semaine car on recueillait tous les matins, au petit déjeuner, la peau du lait bouilli.

La tasse était enfin pleine le samedi !

Gâteaux économiques

Prenez le même poids de farine, de sucre et de peau de lait bouilli.

Malaxez la peau de lait avec le sucre et ajoutez la farine et au besoin un peu de lait si la pâte est trop épaisse.

Aplatissez au rouleau et découpez des sablés avec un verre, cuisez sur plaque beurrée à four chaud environ 8 mn.

Gâteau du Port-Louis

500 g de farine,
250 g de sucre,
350 g de beurre,
5 jaunes d'œufs,
1 verre de rhum,
15 gouttes d'essence de bergamote,
quelques morceaux d'angélique confite.

Verser dans la pâte (farine, sucre, beurre et jaunes d'œufs) un verre de rhum, 15 gouttes de bergamote et mélanger le tout avec de petits morceaux d'angélique confite. Dorer avec un 6ème jaune d'œuf et décorer d'un quadrillage à l'aide d'une fourchette.

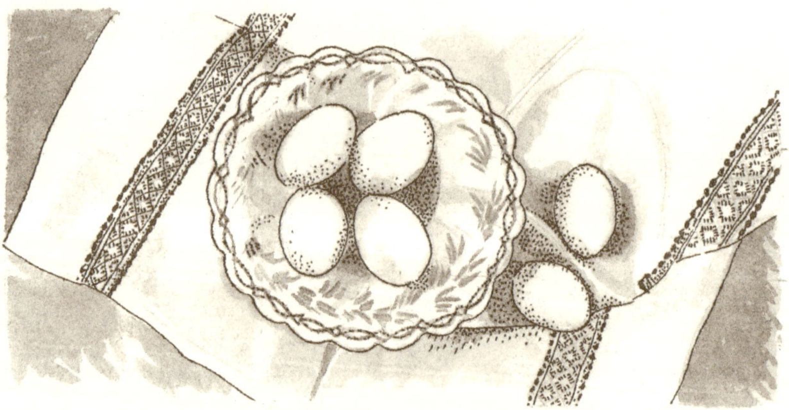

(Recette recueillie par Henri-François Buffet, Ille-et-Vilaine.)

Gâteau de guerre pour 6 parts

4 cuillerées de farine,
2 cuillerées de sucre,
1 noix de beurre fondu avec un bâton de chocolat,
3 oeufs.

Mettre dans une terrine la farine, faire une fontaine.

Mettre le sucre, les oeufs entiers.

Ajouter le chocolat fondu avec le beurre après avoir travaillé un peu le mélange.

Battre pendant 10 mn pour obtenir une pâte lisse.

Cuire au bain-marie dans un moule beurré.

Démouler et servir froid.

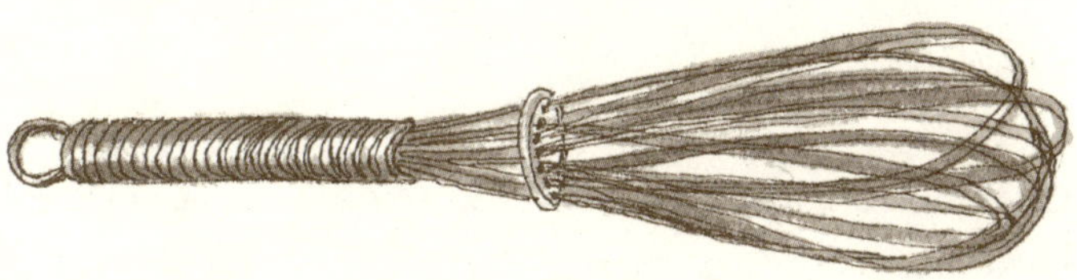

Gâteau aux noix

1 abaisse de pâte à tarte.

Garniture :

1 tasse de noix hachées et pilées,
3 oeufs,
4 cuillerées à soupe de miel,
50 g de farine,
1 petit verre de liqueur de noix,
2 cuillerées de lait,
1 cuillerée de sucre en poudre,
sucre glace,
12 demi-cerneaux de noix.

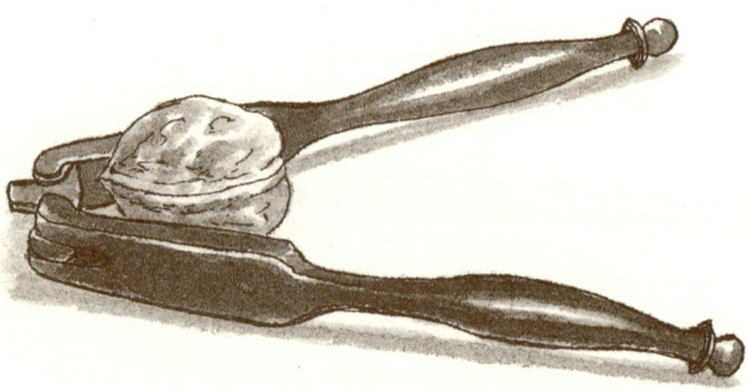

Etaler la pâte et en foncer un moule à tarte.
Mélanger les noix hachées, le miel, les jaunes d'oeufs, la farine, la liqueur de noix, le lait.
Verser sur la pâte et cuire 45 min (th. 6).
Laisser refroidir.
Décorer avec les demi-cerneaux de noix et saupoudrer de sucre glace.

Gâteau à l'anisette

Mettez trois jaunes d'oeufs avec 200 grammes de sucre en poudre et 200 grammes de farine, puis deux tasses d'huile. Tournez et ajoutez deux tasses de lait, un zeste de citron râpé et une demi-tasse d'anisette.

Ajoutez un sachet de levure et remuez énergiquement cinq minutes.

Huilez un moule.

Préchauffez le four à chaleur moyenne.

Ajoutez à la pâte les blancs battus en neige et versez dans le moule.

Enfournez et laissez cuire pendant 45 minutes.

Laissez refroidir, démoulez et saupoudrez de sucre glace.

Gâteau d'amandes et miel

Mélangez six jaunes d'oeufs avec une tasse de farine et une grosse poignée d'amandes hachées.

Sucrez d'une bonne cuillerée à soupe de miel.

Ajoutez quelques cuillerées de crème et mélangez bien. Montez les blancs d'oeufs en neige et incorporez-les délicatement à la pâte.

Versez la préparation dans un moule huilé, enfournez et laissez cuire une demi-heure à four doux.

Gâteau de pommes à la crème au kirsch

12 pommes, 1 zeste de citron, 1 pincée de cannelle, 250 g de sucre, 2 cuillerées de fécule de pommes de terre, 1 morceau de beurre, 15 biscuits à la cuiller, 1 petit verre de kirsch.

Peler et évider les pommes. Les faire fondre sur feu doux avec le citron et la cannelle.
Mouliner cette marmelade. La remettre sur le feu avec la fécule, le sucre et le beurre.
Laisser mijoter et épaissir. Préparer un moule avec les biscuits trempés dans un mélange d'eau et de kirsch, y verser la marmelade tiède.
Laisser au frais toute une nuit.
Renverser le gâteau sur un plat et l'accompagner d'une crème au kirsch.

Crème au kirsch

1 jaune d'oeuf, 1 cuillerée à café de kirsch, 1 cuillerée à soupe de sucre.

Remuer le tout pour obtenir un mélange très mousseux et servir sans attendre.

Gâteau aux fruits des montagnes

Faire une pâte sucrée en mélangeant 125 g de sucre, 125 g de beurre en pommade et 1 oeuf. Bien pétrir et ajouter 250 g de farine au dernier moment. Laisser reposer 1 heure au frais.

Pour la mousse de cassis, extraire au moulin à légumes, la pulpe de 1 kg de cassis. Ajouter 200 g de sucre.

Pour la mousse de framboises, procéder de même.

Puis faire tremper 20 feuilles de gélatine et incorporer 10 feuilles dans chacune des pulpes chauffées doucement. Placer les 2 récipients à refroidir.

Monter 1 l de crème chantilly et partager en 2. Incorporer la chantilly dans les pulpes quand elles sont froides.

Montage du gâteau :

Dans un cercle de 25 cm de diamètre, abaisser le fond de pâte sucrée. Etaler une couche de 3 cm de mousse de cassis. Recouvrir d'une fine génoise aromatisée. Terminer par la mousse de framboises.

Recette transmise par Guy Decouzon
d'Aubusson d'Auvergne

Gâteau aux marrons de Rieux (Pays redonnais)

1 livre de marrons de Rieux,
250 g de sucre, 125 g de beurre,
1/2 l de lait,
6 œufs,
1 gousse de vanille,
gelée de pomme ou de coing.

Faire cuire les marrons à l'eau légèrement salée. Laisser refroidir, puis décortiquer et éplucher les marrons.

Faire bouillir le lait avec la vanille et y mettre les marrons réduits en purée.

Battre les jaunes d'œufs, ajouter le sucre et le beurre préalablement fondu au bain-marie. Battre les blancs en neige et les mêler les premiers à la purée de marrons. Mettre ensuite les jaunes. Verser le tout dans une tourtière beurrée et laisser cuire 3/4 d'heure. Démouler, disposer un plat. Laisser refroidir et recouvrir avec de la gelée de fruits.

Les confitures et les conserves

Confiture d'abricots secs et de potiron

1 kg d'abricots secs,
2,5 kg de potiron,
2,5 kg de sucre.

Laver les abricots à plusieurs eaux puis les faire tremper dans une terrine avec 2 litres d'eau pendant 24 heures pour qu'ils puissent bien gonfler.

Les retirer à l'écumoire et conserver l'eau.

Couper le potiron en petits morceaux après l'avoir pelé et le faire cuire dans l'eau qui a servi à tremper les abricots. Laisser bouillir une demi-heure.

Passer au pilon, mettre cette purée dans la bassine avec le sucre et 2 verres d'eau.

Bien remuer et laisser bouillir encore une demi-heure.

Mettre en pots et couvrir à chaud.

On peut ajouter quelques amandes de noyaux d'abricots, pelées et cassées finement.

Confiture de Cynorhodon ou d'Eglantine

(Büttemus)

1 kilo de sucre,
1 kilo de fruits d'églantine,
1/2 litre d'eau.

Cueillis de préférence après le gel, les fruits sont équeutés et coupés en deux. Recouverts d'eau, ils cuisent alors à feu doux pendant une heure.

On les laisse reposer 2 ou 3 jours dans un récipient de bois ou d'Inox, jusqu'à un début de fermentation.

Une fois passés au tamis très fin, on cuit cette purée avec le même poids de sucre et l'on obtient cette rare confiture d'églantine.

Gelée de coings

3 kg de coings,
1 kg de sucre,
1 pincée de gingembre.

Frotter les coings pour ôter le duvet, les couper en quatre, enlever le coeur et les pépins et les mettre dans un petit nouet de mousseline.

Poser les quartiers de coings dans la bassine à confiture avec le nouet, couvrir d'eau.

Laisser bouillir environ 30 min.

Les verser dans un tamis recouvert d'un linge au-dessus d'une terrine, presser à travers le linge et laisser égoutter quelques heures ; presser aussi le nouet de pépins.

Peser le jus, mettre autant de kilos de sucre que de litres de jus. Remettre dans la bassine avec le gingembre et faire cuire. Lorsqu'une goutte de jus fige dans une assiette, la gelée est prête. Mettre en pots et ne couvrir que le lendemain. Ne pas jeter les fruits qui serviront à faire des pâtes de coings.

Confiture de pastèques

Préparez les pastèques la veille. Epluchez-les, retirez les pépins et coupez la chair en petits dés. Ajoutez des citrons ou des oranges en tranches (on compte 4 citrons ou oranges pour 10 kilos de pastèques) et 600 grammes de sucre cristalisé par kilo de fruit. Laissez macérer pendant 24 heures.

Le lendemain, faites cuire lentement avec un bâton de vanille et un peu de rhum.

Il faut compter environ deux heures de cuisson pour 5 kilos de confiture.

Mettez en pots et couvrez.

Confiture de tomates vertes

Lavez les tomates et coupez-les en petits dés.

Disposez-les dans une terrine, recouvrez d'une couche de sucre puis d'une nouvelle couche de tomates et recouvrez encore de sucre.

Laissez macérer 24 heures.

Le lendemain, faites cuire à feu vif jusqu'à ébullition. Ralentissez le feu et, au bout d'une heure de cuisson, ajoutez le zeste et le jus de deux citrons. Laissez cuire encore deux heures.

Mettez en pots et couvrez.

Confiture de châtaignes

Fendez au couteau un kilo de châtaignes en veillant à ce qu'elles ne soient pas véreuses. Jetez-les dans l'eau bouillante jusqu'à ce que les deux peaux se détachent facilement. Epluchez-les.

Faites-les cuire à l'eau avec un bâton de vanille jusqu'à ce qu'elles s'écrasent bien. Réduisez-les en purée au pilon après les avoir égouttées.

Préparez un sirop avec 750 grammes de sucre pour un kilo de châtaignes, un verre d'eau et trois ou quatre gousses de vanille. Portez à ébullition, retirez les gousses de vanille, ajoutez la purée de châtaignes et faites cuire en tournant sans cesse pour obtenir un mélange épais et d'une belle couleur marron.

Mettez en pots et conservez au frais.

Confiture de noix vertes

Cueillez de belles noix vertes. Épluchez-les avec des gants car l'enveloppe verte laisse sur les mains une couleur brune très difficile à retirer. Écalez-les en essayant de ne pas trop casser les cerneaux tendres et fragiles.

Faites-les pocher quelques minutes dans de l'eau bouillante, égouttez-les, puis faites-les dégorger pendant deux jours dans de l'eau froide que vous renouvellerez au moins deux fois. Faites-les ensuite sécher sur un linge.

Préparez un sirop avec le même poids de sucre que de noix et deux verres d'eau par kilo de sucre.

Faites chauffer. Lorsque le sucre est fondu et que le sirop arrive à ébullition, jetez-y les noix et laissez bouillir trois quarts d'heure en écumant et en tournant souvent.

Quand le mélange a pris consistance, ajoutez un peu de cannelle. Mettez en pots et couvrez aussitôt.

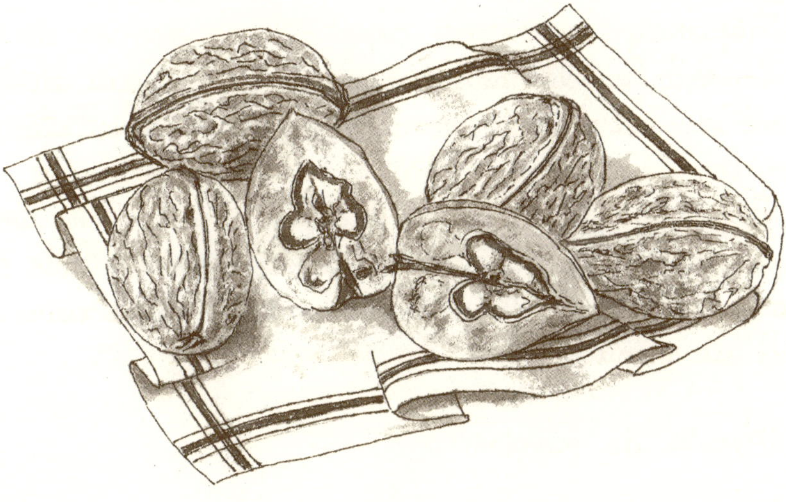

Gelée de pomme de glace

Cette gelée est excellente.

Utiliser de préférence des pommes de glace. Celles qu'on ramasse sous les pommiers conviennent très bien pour les confitures.

Lavez les pommes, coupez-les en quartiers sans les peler et sans enlever les pépins puis en tranches.

Arrosez de jus de citron.

Mettez les tranches de pommes dans une bassine en les recouvrant d'eau.

Amenez à ébullition puis laissez cuire doucement jusqu'à ce que les tranches commencent à fondre. Versez dans un tamis, laissez égoutter sans presser pour ne recueillir que le jus.

Attendez plusieurs heures.

Mesurez le jus recueilli. Ajoutez 850 g de sucre pour un litre de jus.

Laissez cuire 20 mn.

Il faut écumer souvent. Gardez l'écume, elle est délicieuse.

Mettez en pots.

Quand la gelée a refroidi, couvrez-la d'une cuillerée de calvados avant de fermer le couvercle.

Ne jetez pas la pulpe des fruits, faites-en une compote. Passez-la dans une passoire pour retenir les peaux et les pépins. Ajoutez du miel et faites cuire une dizaine de minutes.

Recette de maman.

Gelée cassis-gradille

Utiliser cassis et gradilles (groseilles) selon la cueillette et selon le goût, le cassis est plus parfumé que la groseille.

Compter le même poids de sucre que de jus obtenu.

Prendre cassis et groseilles et faire chauffer à feu doux.

Lorsque les fruits sont parfaitement crevés, les jeter sur le tamis et en extraire le jus (Madeleine les a passés à la moulinette sans trop insister).

Peser le jus, le mettre dans une bassine avec poids égal de sucre.

Laisser bouillir, écumer, il n'y a pas de temps déterminé pour la cuisson, environ 7 mn.

Quand la gelée tombe en nappe de l'écumoire et se prend sur le bord de l'assiette, retirer du feu, la mettre en pots.

Couvrir à froid.

Confiture de citrons

Choisissez de beaux citrons non traités. Coupez-les en tranches fines, retirez les pépins que vous conserverez et couvrez à peine d'eau. Laissez reposer 24 heures.

Le lendemain, faites chauffer jusqu'au début de l'ébullition, laissez refroidir puis reposer encore 24 heures.

Le troisième jour, égouttez, faites bouillir dans une autre eau, puis égouttez à nouveau. Préparez un sirop de sucre (1,5 kilo et 3 verres d'eau pour 2 kilos de citrons), plongez-y les tranches de citron et faites cuire 40 minutes avec les pépins enfermés dans un sachet de gaze.

Retirez le sachet, mettez en pots et couvrez.

Confiture de figues

Mettez des figues bien mûres dans une bassine avec des zestes de citron et couvrez d'eau bouillante.

Au bout de 20 minutes, égouttez, couvrez d'eau froide puis égouttez à nouveau.

Ajoutez la moitié du poids de fruits égouttés en sucre, chauffez jusqu'à l'ébullition et laissez quelques minutes sur le feu.

Retirez du feu, mettez en pots et couvrez.

Marmelade d'oranges

1 kg d'oranges douces,
200 g d'oranges amères,
1 kg de sucre.

Piquer les oranges (15 trous par orange).

Les faire tremper une nuit dans l'eau froide.

Jeter l'eau, en remettre de la nouvelle, faire bouillir les oranges dans cette eau 10 mn, les sortir avec l'écumoire, conserver l'eau de cuisson.

Peser les fruits, les couper en rondelles très fines, enlever les pépins (mettre ceux-ci dans une mousseline).

Ajouter un même poids de sucre et environ 2 verres d'eau de cuisson par kilo.

Ajouter les pépins.

Compter environ une heure de cuisson.

<u>NB</u> : j'ai ajouté 3 oranges sanguines.

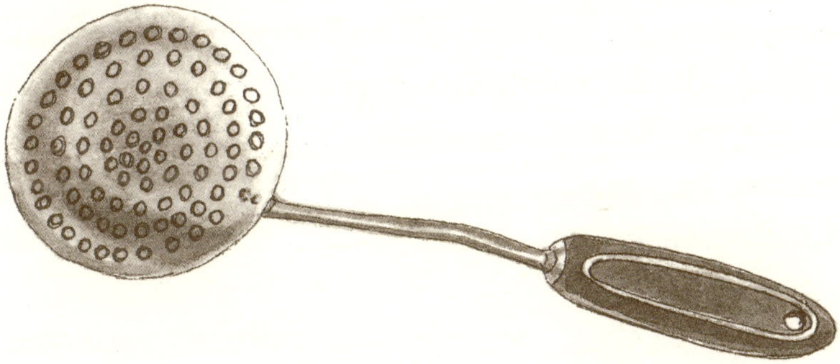

Marmelade de rhubarbe

2 kg de tiges de rhubarbe,
1,8 kg de sucre.

Lavez les tiges de rhubarbe, enlevez les fibres les plus dures mais sans les peler complètement.

Coupez les tiges en petits tronçons. Mettez-les dans une bassine que vous couvrez, faites chauffer à feu doux pendant 15 à 20 mn.

Quand les tiges de rhubarbe s'écrasent, vous pouvez mettre le sucre.

Remuez bien pour le faire fondre, amenez à ébullition, en continuant à remuer.

Faites cuire encore une quinzaine de minutes.

La marmelade doit épaissir.

On vérifie la cuisson en versant quelques gouttes du jus sur une assiette. Il doit figer au bout de quelques secondes.

Mettre en pot et couvrir à chaud.

On peut ajouter des fraises à cette marmelade.

Ne les mettre que 5 à 10 mn avant la fin de la cuisson.

Recette de maman.

Confiture de reines-claudes façon Maria

Compter 700 g de sucre par kilo de prunes bien mûres.

Faire macérer pendant une nuit les fruits avec le sucre après avoir enlevé les noyaux et coupé les prunes en deux ou en quatre.

Faire chauffer et bouillir assez doucement pendant 5 mn en tournant sans arrêt.

Le lendemain, recommencer l'opération en laissant bouillir 6 mn.

Laisser refroidir puis faire bouillir à nouveau pendant 7 mn.

Mettre en pots et parafiner lorsque la confiture est bien froide.

Confiture de pêches

Choisissez un kilo de belles pêches, mûres, fermes et non talées. Plongez-les 30 secondes dans l'eau bouillante, pelez-les, ouvrez-les en deux et retirez les noyaux. Coupez-les en petits morceaux.

Préparez un sirop avec le même poids de sucre que de fruits et deux verres d'eau. Mettez sur le feu et lorsque le sirop arrive à ébullition, versez-y les fruits et laissez cuire un quart d'heure en remuant souvent.

Retirez les morceaux de pêches avec une écumoire. Mettez-les dans des pots jusqu'aux trois quarts de la hauteur.

Continuez l'ébullition du sirop jusqu'à ce qu'il ait la consistance du miel liquide. Retirez du feu et finissez de remplir les pots.

Lorsque tante Pauline préparait de la confiture de pêches, elle ajoutait, en fin de cuisson du sirop, un petit verre d'armagnac et des cerneaux de noix sèches grossièrement hachés. Cette recette se révélait alors fort peu économique tant les pots étaient rapidement vidés.

Confiture des quatre fruits

Peser en parties égales de la citrouille pelée, des pommes aigres épluchées, des tomates mûres et vertes, de la rhubarbe.

Couper tous ces fruits en petits dés.

Mettre les 3/4 du poids total des fruits en sucre.

Faire macérer pendant 24 h fruits et sucre à l'exception des pommes.

Mettre le tout dans une bassine en cuivre, faire cuire très doucement dans la cheminée pendant 3 ou 4 heures.

Confiture de mûres

1 kilogramme de mûres,
1 kilogramme de sucre,
1 citron.

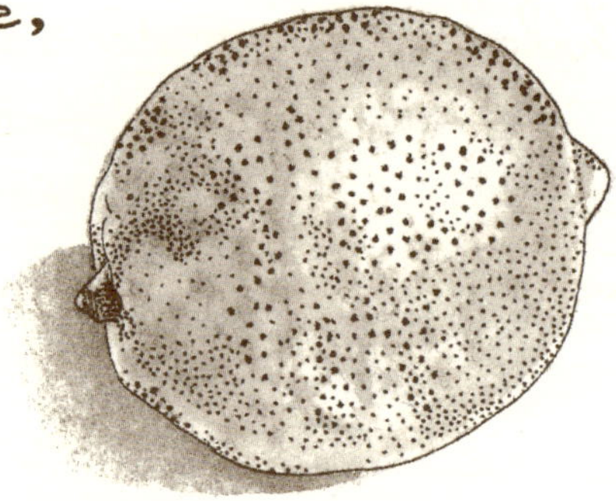

Une fois bien débarrassées de leurs pédoncules, placer les mûres dans une jatte et saupoudrer de sucre. Laisser macérer une nuit.
Dans une bassine à confiture, verser les fruits, le jus de macération et le jus du citron.

Porter à ébullition pendant 5 minutes.

Passer au tamis, réserver les fruits et remettre le sirop seul sur le feu. Porter de nouveau à ébullition pendant 5 minutes et remettre les fruits.

Recommencer cette petite opération 3 fois de suite sans oublier d'écumer.

Mettre en pots et couvrir.

Confiture de cerises

Ne pas oublier que seules les cerises aigres donnent de bonnes confitures.

2 kilogrammes de cerises aigres dénoyautées.
2 kilogrammes de sucre.

Dans une bassine à confiture placer les cerises dénoyautées avec le sucre. A feu moyen laisser frissonner 15 minutes.

Ecumer au fur et à mesure.

Sortir les cerises à l'écumoire et les placer dans une passoire.

Remettre le sirop égoutté dans la bassine et porter à ébullition pendant 15 minutes sans cesser d'écumer. Remettre les cerises, porter à ébullition 5 minutes puis retirer les fruits comme précédemment.

Refaire cette opération une deuxième fois. Le sirop obtenu, posé sur une assiette, doit épaissir. Remettre les fruits une 3ème fois et, après 5 minutes de cuisson, retirez-les pour ramener le jus à consistance de sirop se détachant en gouttes des dents d'une fourchette.

Replacer les cerises et laisser frémir 10 minutes. Laisser refroidir avant de mettre en pots.

Lapin en conserve

Faites-le cuire dans une cocotte de fonte comme si vous vouliez le consommer de suite.

Evitez de faire une sauce trop longue.

Mettez-y un bouquet garni, une carotte, deux échalotes, des épices.

Découpez comme pour servir.

Mettez en bocaux de verre.

Recouvrez avec la sauce réduite et stérilisez deux heures.

Conserves de haricots verts

Eplucher les haricots verts fraîchement cueillis et les blanchir 5 mn à l'eau bouillante salée.

Les égoutter, les passer à l'eau froide et les mettre en bocaux sans trop les tasser.

Les recouvrir d'eau salée à raison de 20 g de sel pour 1 l d'eau.

Bien fermer les bocaux.

Les stériliser pendant 35 à 45 mn suivant la taille des bocaux.

Coulis de tomates

5 kg de tomates,
5 gros oignons, 1/2 tête d'ail,
3 poivrons, 2 piments forts,
3 feuilles de laurier, persil et basilic,
2 cuillerées d'huile d'olive,
sel et poivre.

Dans la bassine à confiture, couper en gros morceaux les tomates lavées et essuyées, les oignons épluchés, les gousses d'ail, les poivrons et les piments épépinés. Ajouter le laurier, le persil et le basilic, du poivre, une grosse poignée de gros sel et l'huile d'olive. Faire démarrer à feu vif, puis laisser mijoter 45 min en remuant de temps en temps.

Passer au moulin à légumes.

Mettre le coulis dans des bocaux, les bocaux dans le stérilisateur.

Recouvrir d'eau froide et compter 20 min à partir de l'ébullition.

Conserves de truffes

Choisissez des truffes bien saines, brossez-les, épluchez-les soigneusement. Mettez-les dans les boîtes et soudez les couvercles. Il faut 2 h 30 de cuisson au bain-marie.

Foies d'oies

Mettre au fond de la boîte une petite bande de lard, assaisonner, puis une couche très mince de chair à saucisse, puis le foie bien tassé et assaisonné, recouvrir d'un peu de hachis, puis d'une bande de lard. Faites souder et stériliser 2 h, les boîtes baignant dans l'eau.

Il est meilleur de ne mettre que le foie et le lard sans hachis.

Pour l'obtention de beaux foies : faire bouillir le maïs, bien saler et laisser de l'eau claire à discrétion des oies.

Autre méthode : faire gonfler le maïs avec de l'eau de vaisselle.

Confits d'oie

Fendre l'oie selon la ligne médiane du ventre jusqu'au bas du bréchet, là donner 2 fentes qui permettent de séparer les panses de graisse des cuisses. Ensuite dépouiller l'oie en manteau, c'est-à-dire tout d'une pièce en désarticulant les membres qui eux conserveront leurs os (détacher les ailerons) par les pilons.

On appelle cela raccourcir, et aussi déboîter les pattes.

Ensuite coupez le manteau en 4 parties à peu près égales. Mettez-les au sel pendant 24 h.

Enlevez l'intérieur, dégraissez les boyaux, faites fondre toute la graisse dans laquelle vous faites cuire les confits pendant 1 h 30 à 2 h. Le résidu de la graisse est pressé et mis en pots.

Le cou est dépouillé, cousu à une extrémité, farci de chair à saucisse et mis à cuire avec les confits.

Confits et cous sont mis en pots de grès, recouverts de la graisse. Quand elle est figée, couler dessus une mince couche de graisse de porc.

Les croupions sont rôtis au four ou sur le gril ; le reste de la carcasse avec les ailerons, gésier, cou fait un ragoût.

Cou farci

Retourner comme un gant la peau du cou, en prenant soin de ne pas la déchirer. La faire attendre 12 h après l'avoir frottée de sel.

La farcir avec cette préparation : 250 g de farce fine, 1 oeuf, 1 tranche de jambon, épices, 1 petit oignon, 1/2 verre de vin blanc, 1 cuillerée d'alcool, sel, poivre.

Hacher grossièrement le tout et mélanger.

Couper 2 tranches de foie gras en gros dés et les mélanger à la farce. Retourner la peau du cou, remplir de farce. Coudre les extrémités et faire cuire 1 h 30 dans la graisse. Stériliser 2 h.

Pâté de foie

Peser le foie après avoir retiré le fiel.

Faire tremper le foie 1 h dans de l'eau tiède.

Bien l'éponger. Avec un couteau, le dénerver délicatement. Le saler et le poivrer en le frottant avec la main, le mettre dans un plat, l'arroser généreusement de cognac, le laisser 24 h en le retournant plusieurs fois. Prendre le même poids de farce fine.

Prendre des boîtes de conserve, en tapisser le fond et les parois avec la farce. Mettre un morceau de foie au centre. Bien appuyer pour qu'il n'y ait pas de vide. Remettre une couche de farce et bien amalgamer avec les doigts. Répéter cette opération pour toutes les boîtes. S'il reste du cognac, en mettre un peu sur la chair. Les faire sertir. Les mettre dans un faitout (ou un stérilisateur si vous avez préparé plusieurs foies), les recouvrir largement d'eau froide. Les laisser bouillir 2h30 et refroidir dans le récipient.

Bien les essuyer en les sortant.

On peut mettre des rondelles de truffe au centre de la boîte, dessus et dessous.

Cèpes

Bien les nettoyer, enlever les bouts terreux, essuyer soigneusement les cèpes, les couper grossièrement et les faire revenir doucement 20 min dans de l'huile chaude. Saler et poivrer.

Les mettre dans des bocaux, fermer ceux-ci en suivant les instructions. Poser les bocaux dans le stérilisateur, couvrir largement d'eau froide.

Faire bouillir et laisser 30 min à 100°.

Laisser refroidir dans le stérilisateur.

Cornichons

3 kg de cornichons,
gros sel, poivre en grains,
estragon,
vinaigre blanc.

Essuyer un à un les cornichons petits et fermes. Les placer dans un saladier et mettre une poignée de gros sel sur chaque couche.

Le lendemain, les égoutter, les poser dans des bocaux. Mettre dans chaque bocal une dizaine de grains de poivre, une branche d'estragon.

Faire bouillir le vinaigre blanc et en recouvrir les cornichons.

Fermer, mettre dans un lieu sec et obscur.

On peut les consommer au bout d'une semaine.

Mignardises et douceurs

Caramels au chocolat

90 g de chocolat,
90 g de sucre,
90 g de beurre,
90 g de miel.

Mélanger le tout.
Faire bouillir 10 mn.
Verser dans un moule huilé.
Découper.

Recette donnée par Léontine Lemaître.

(une autre recette)

2 barres de chocolat,
65 g de sucre,
65 g de beurre,
1 cuillerée de miel.

Mélanger le tout dans une poêle et laisser cuire 1/4 d'heure.

Verser dans un moule à caramel beurré ou sur un marbre huilé.

Découper le caramel avant qu'il ne soit froid.

Recette prise dans Jeune Rurale (1942)

Caramels à la crème

9 cuillerées de crème,
50 g de beurre,
75 g de sucre,
1 cuillerée de miel (facultatif).

Mettre du beurre à fondre dans une casserole.
Mélanger avec le sucre et la crème.
Porter à ébullition et laisser bouillir 5 à 10 mn.
Mettre le caramel dans un moule huilé.
Le découper avant qu'il ne soit complètement refroidi.

Recette donnée par Léontine Lemaître.

Pastilles de chocolat

Pour faire ces bonbons, il faut une demi-livre (250 g) de bon chocolat. Placez le chocolat dans une casserole d'aluminium sans y ajouter aucun liquide, mettez la casserole au bain-marie. Lorsque le chocolat est ramolli d'un côté, retournez-le délicatement afin qu'il se ramollise de l'autre. Quand il est complètement mou, il est prêt à servir. Tenez la casserole au bain-marie chaud afin qu'il ne durcisse pas.

Avec le chocolat devenu malléable comme du mastic, confectionnez les pastilles. Pour cela, prenez-les jusqu'à épuisement par petites quantités (gros comme un noyau de cerise). Roulez en forme de boules, posez ces boules au fur et à mesure sur une plaque de tôle en ayant soin de les espacer un peu.

Lorsque la plaque est garnie, prenez-la d'une seule main, frappez-la doucement sur la table, par petits coups successifs et réguliers jusqu'à ce que les boules se soient élargies, aplaties et changées en pastilles.

Saupoudrez-les de noisettes ou d'amandes blondies au four et finement hachées, puis mettez la plaque au frais afin que les pastilles durcissent.

Bonbons au chocolat

Vous prenez 10 pralines environ que vous pilez et passez dans une passoire; vous mettez la valeur de 3 cuillerées à bouche de ces pralines pilées dans une tasse et vous mélangez le reste avec 70 g de beurre, 1 jaune d'oeuf, 1/2 bille de chocolat et 1 cuillerée à café très fort.

Pétrissez bien et roulez ce mélange par petites boules dans les 3 cuillerées de pralines écrasées, puis mettez chaque boule dans un petit four en papier.

Croquants

2 oeufs,
1 verre de farine,
1 verre de sucre,
125 g de noix ou d'amandes hachées.

Battez les oeufs, ajoutez la farine, le sucre, les amandes.
Aplatissez au rouleau sur 2 cm d'épaisseur.
Découpez en petites barquettes longues d'un doigt.
Cuisez sur plaque beurrée à four doux 20 mn.

Croquants de Mauriac

pour 6 personnes

1 kg de farine
500 g de sucre
80 g de beurre
4 oeufs
15 cl de lait
une cuillerée de miel liquide

Faire un puits avec la farine, y verser le sucre, 3 oeufs entiers et le beurre ramolli.

Pétrir la pâte en mélangeant les ingrédients et en détrempant à mesure avec le lait jusqu'à obtention d'une pâte qui se laisse ramasser en boule. Laisser au repos une demi-heure.

Après avoir fragmenté en 2 ou 3 pâtons, étaler au rouleau sur une épaisseur de 5 mm.

Découper selon la forme de son choix.

Délayer le jaune d'oeuf restant avec le miel et en badigeonner les croquants.

Disposer sur une plaque et cuire à feu doux, environ une demi-heure.

Ces croquants, plus ou moins secs selon la quantité de lait, de beurre et d'oeufs sont des gâteaux de longue conservation.

Nougat

Faites fondre 750 g de sucre dans 1/2 l d'eau, ajoutez-y 750 g de miel chaud et 500 g d'amandes légèrement rôties.

Faites bouillir jusqu'à consistance et coulez la préparation dans un moule graissé.

Aromatisez avec de la fleur d'oranger.

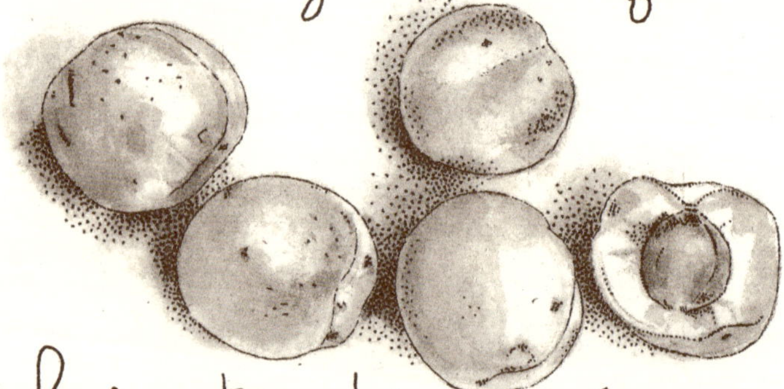

Abricots déguisés

Garnissez le fond de petits moules allant au four d'une bonne crème pâtissière à la vanille.

Faites cuire dans un sirop, épaissi d'un peu de marmelade du même fruit, de beaux abricots coupés par moitié, couvrez-en la crème pâtissière, glacez du sirop réduit à consistance suffisante, masquez de massepain finement pilé, mettez à gratiner un instant à four doux. Servez froid dans le moule lui-même.

Bonbons colonel

Proportions:

125 g de sucre en poudre,
125 g d'amandes,
125 g de noix,
125 g de chocolat râpé,
125 g de noisettes,
1 cuillerée de kirsch,
3 cuillerées d'eau,

Emonder et piler vos amandes, noix et noisettes et mêler avec kirsch et eau.

Formez des boulettes et roulez-les dans le chocolat râpé ; on leur donne la forme de truffes.

Pâte de prunes

Choisissez de belles prunes, mûres, fermes et non talées. Pelez et dénoyautez-les.

Dans une casserole, mettez les prunes avec un peu d'eau (les fruits ne doivent pas être entièrement recouverts), portez à ébullition, laissez bouillir trente secondes puis égouttez complètement.

Ecrasez en purée très lisse. Remettez dans la casserole avec un poids égal de sucre et, sans cesser de tourner avec une cuillère en bois, menez à ébullition et laissez bouillir cinq minutes.

Versez le contenu de la casserole sur un marbre huilé, étalez (pas trop épais : environ cinq millimètres) et laissez sécher 24 heures.

Le lendemain, refaites cuire en redonnant cinq minutes d'ébullition puis étalez à nouveau sur le marbre. Le surlendemain, renouvelez encore une fois toute l'opération. Laissez alors sécher 2 à 3 jours. Coupez la pâte en petits carrés ou en rondelles avec un verre à liqueur utilisé comme emporte-pièce. Roulez dans du sucre en poudre et conservez dans une boîte en fer-blanc : rangez ces friandises côte à côte et séparez chaque couche d'une feuille de papier blanc.

Pâtes de fruits clermontoises

3 kg de fruits (framboises, abricots)
2,5 kg de sucre cristal
700 g de glucose
60 g de pectine (chez les fournisseurs en pâtisserie)
50 g d acide tartrique

Mettre la pulpe de fruits dans une bassine de cuivre, faire tiédir, ajouter 250 g de sucre et la pectine et mélanger.

Faire bouillir puis ajouter le reste de sucre et le glucose. Cuire jusqu'à la gelée (une goutte tombée dans l'eau froide ne doit pas se diluer)

Retirer du feu et ajouter l'acide tartrique.

Verser sur une plaque en couche de 2 cm d'épaisseur. Laisser refroidir, découper en cubes. Rouler dans du sucre cristal.

Se garde en boîte de fer.

Truffes pralinées au chocolat

120 g de chocolat,
200 g de lait concentré sucré,
40 g d'amandes grillées,
40 g de beurre,
40 g de végétaline,
3 ou 4 cuillerées de cacao amer.

Moudre les amandes grillées.

Mélanger tous les ingrédients ; faire fondre le tout à feu doux. Bien mélanger à nouveau.

Verser dans un plat.

Après refroidissement, à l'aide de deux petites cuillères, former des petites boules, les rouler dans le cacao, les mettre en caissette.

Mettre au réfrigérateur.

Les guenilles de Mémé Dette

12 œufs, 12 cuillerées à soupe de sucre, 250 g de beurre, 2 paquets de sucre vanillé et 2 de levure chimique (ou 10 g de levure de boulanger), 1 kg de farine environ.

Mélanger les œufs entiers avec le sucre que l'on verse en pluie, pour ne pas brûler les jaunes d'œufs, jusqu'à ce que le mélange soit blanc.

Ajouter le beurre fondu à la préparation et bien mélanger. Mettre le sucre vanillé, ajouter la farine en plusieurs fois pour éviter les grumeaux. La farine doit absorber le mélange œufs-sucre-beurre et doit être travaillée avec le haut des doigts sans trop la pétrir car la pâte devient élastique.

Quand la pâte ne colle plus aux doigts, l'écarter sur 5 mm avec un rouleau à pâtisserie. La couper en rondelles avec un verre renversé, puis décoller avec un couteau les morceaux restants (cela fait de jolies figurines !).

Faire chauffer 1 litre d'huile dans une friteuse et quand elle est très chaude, mettre les guenilles à frire.

Bien surveiller la cuisson et les poser sur un papier absorbant. Saupoudrer de sucre glace.

Servir tiède ou froid.

On peut les garder une semaine dans une boîte en fer ou au réfrigérateur.

Fruits séchés

Quetsches, mirabelles, pommes et poires peuvent être facilement séchées et conservées. Découpées en tranches fines ("Schnitzen"), quetsches et mirabelles sont conservées pour l'hiver et servent aussi à obtenir des eaux-de-vie.

Les quetsches et les mirabelles seront laissées entières et simplement bien essuyées. Quant aux pommes et poires, une fois soigneusement épépinées, mais non pelées, on les découpera en quartier. Les fruits sont placés sur des clayettes, bien éloignés les uns des autres, et sur une seule couche, et séchés au four réglé à la plus basse température.

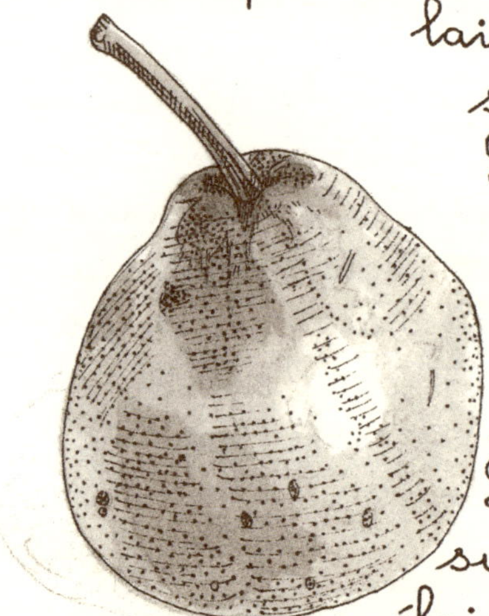

Vins, liqueurs et boissons

Le floc

Bien que d'invention récente, inspirée du fameux pineau des Charentes, le floc a obtenu un grand succès et s'est imposé dans le patrimoine gascon. Aussi n'est-il pas incongru de le faire figurer dans ce livre de recettes.

Il faut, pour le préparer, filtrer du moût de raisin sortant du pressoir, c'est-à-dire non fermenté.

Ajoutez de l'armagnac dans la proportion d'un verre pour deux verres de moût.

Mélangez bien et mettez en bouteilles.

Faites macérer pendant dix jours dix feuilles de noyer dans un bon verre à vin d'armagnac.

Ajoutez ensuite un litre de vin rouge et vingt morceaux de sucre fondu en faisant tiédir dans quelques cuillerées d'eau.

Mettez en bouteilles après avoir filtré et laissez reposer au moins un mois.

Vin de cerisier

Faites macérer cinquante feuilles de cerisier à cerises aigres dans un litre de bon vin blanc avec :

un verre d'armagnac,
150 grammes de sucre,
un sachet de sucre vanillé.

Laissez reposer pendant quinze jours, filtrez et mettez en bouteilles.

Apéritif aux pruneaux

Dans un bocal, mettez des pruneaux avec :

un bâton de vanille fendu,
deux cuillerées à café de chicorée liquide,
une cuillerée à café d'extrait d'amandes amères,
trois cuillerées à soupe d'armagnac.

Remplissez le bocal avec une bouteille de bon vin blanc doux (type Pacherenc).

Laissez gonfler les pruneaux pendant cinq semaines à l'abri de la lumière.
L'apéritif est alors prêt à être dégusté.

Vin de cassis

Ecrasez un kilo de cassis avec un pilon.
Ajoutez un litre de bon vin rouge, remuez et laissez reposer couvert au frais pendant 24 heures.

Le lendemain, filtrez au chinois et versez le jus dans une bassine avec 750 grammes de sucre par litre.
Faites chauffer pour fondre le sucre, portez à ébullition, ajoutez un bon verre d'armagnac et laissez bouillir cinq minutes.
Laissez refroidir à l'abri de la lumière, mettez en bouteilles à la cave et bouchez seulement huit jours après.
Servez le vin de cassis bien frais.

Petite liqueur de cassis

700 g de baies de cassis bien mûres, lavées et écrasées,
1 l de vin très riche en alcool (plus de 13°),
6 feuilles de cassis,
700 g de sucre en poudre environ et l'eau nécessaire pour le faire fondre.

Laisser macérer les baies et les feuilles dans le vin pendant une dizaine de jours en remuant de temps en temps et filtrer.

Mesurer le "jus" ainsi obtenu et lui ajouter en poids les 2/3 de son volume (par ex. 650 g pour 1 l) de sucre juste fondu dans un peu d'eau.

Amener le mélange à ébullition et le laisser refroidir avant de lui ajouter 1 verre à liqueur d'alcool de fruits et de le mettre en bouteille.

Sirop de cassis

Il faut penser aux enfants : ni le vin chaud ni la liqueur de cassis ne leur conviennent ; tante Margot a pour eux une recette de sirop de cassis qui peut d'ailleurs aussi servir pour faire un Vin-Blanc-Cassis allégé.

1 kg de baies de cassis lavées et bien écrasées en purée ; les presser dans un linge tissé lâche et recueillir le jus dans un saladier pour le laisser déposer 2 ou 3 jours au froid.

Par ailleurs, préparer un sirop avec 1 kg de sucre et ce qu'il faut d'eau pour le faire fondre et le cuire comme expliqué dans la recette de confiture de cassis.

Enlever à la cuillère (d'argent, de bois ou en inox, surtout pas en fer blanc) les bulles qui peuvent surnager sur le jus et décanter ce jus, c'est-à-dire verser doucement en laissant au fond du saladier ce qui reste de purée ou passer sur un filtre en papier.

Verser le sirop chaud sur le jus bien clair et laisser refroidir avant de mettre dans plusieurs petits flacons, ce qui facilitera la conservation qui de toute façon se fera de préférence au réfrigérateur ou dans une cave très fraîche.

Sirop de framboises

Pour faire 2 l de sirop :

1 kg de framboises,
environ 800 g de sucre en poudre,
2 dl d'eau.

Faire bouillir les framboises dans l'eau pendant 10 min en remuant.

Filtrer en pressant dans un linge ou sur un tamis très fin, ou encore en moulinant au moulin à légumes avec la grille la plus fine et en passant ensuite sur un filtre en papier.

Peser le sirop obtenu, lui ajouter le même poids de sucre et, sur feu doux, porter à ébullition en la maintenant 2 à 3 min.

Mettre dans des petites bouteilles ébouillantées et égouttées, les boucher et conserver au frais.

Servir avec de l'eau et des glaçons.

Le vin blanc-cassis

(connu universellement sous le nom de kir)

Les avis diffèrent mais, pour tante Margot, les meilleures proportions sont :

1 volume de liqueur de cassis très fruitée et faible en alcool, ou de sirop de cassis,

4 volumes de vin blanc sec, de préférence un Bourgogne aligoté bien rafraîchi pour éviter les glaçons qui affadissent.

Les mêmes proportions avec du vin rouge donnent un Communard.

Raisine

On prend 2 mesures de 20 l de vin sortant du pressoir les verser dans une baste . avec gros comme le poing du blanc d'Espagne pulvérisé. Remuez bien et battez bien le liquide. Laissez reposer jusqu'au lendemain dans la journée.

Remuez encore et passez dans un linge fin en prenant soin de ne pas verser jusqu'au fond qu'il faut jeter.

On verse dans la bassine et on fait bouillir 3 h au moins en écumant. Lorsque c'est cuit il faut le sortir du cuivre.

Pendant ce temps on pèle des pommes, poires, figues, coings, betterave, pêches, melons d'Espagne ou tout autre fruit.

Le lendemain matin mettez au feu de bonne heure à feu doux ; au bout de 1 h 30 remuez constamment, cuit au moins 12 h ; à demi-cuisson ajoutez un peu de cannelle.

Ratafia de raisin

Choisissez un beau raisin noir, écrasez les grappes au-dessus d'une terrine en les pressant et les malaxant avec les mains.

Laissez reposer 24 heures.

Le lendemain, passez avec un linge pour recueillir le jus. Versez ce dernier dans une bassine, chauffez et portez au point d'ébullition.

A ce moment, retirez aussitôt du feu.

Laissez refroidir.

Ajoutez une égale quantité d'eau-de-vie et 150 à 200 grammes (selon que le jus de raisin est plus ou moins sucré) de sucre par litre de mélange.

Mettez en bouteilles.

Au bout de deux mois, filtrez une nouvelle fois et remettez en bouteilles.

Bouchez-les.

Le ratafia est alors prêt à être dégusté.

Vin d'orange

Les écorces de 6 oranges,
1/2 litre d'eau-de-vie,
2 litres de vin blanc
500 g de sucre.

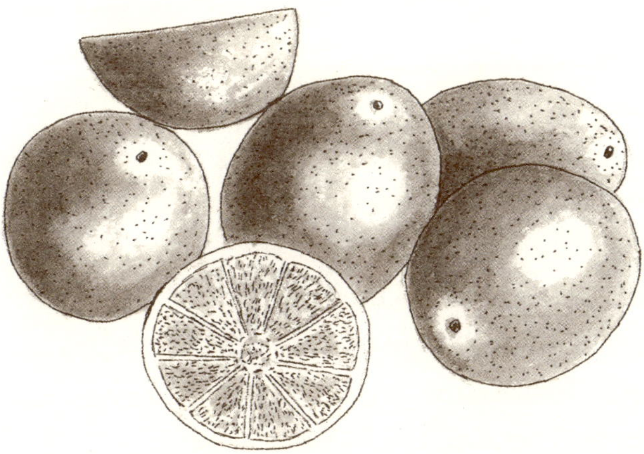

Mettre les écorces dans l'eau-de-vie et laisser macérer pendant 15 jours.

Au bout de ce temps, ajouter à ce mélange 2 litres de vin blanc dans lequel on aura fait fondre 500 g de sucre.

Filtrer et laisser reposer une semaine.

Ce vin d'apéritif s'améliore en vieillissant.

Liqueur de noix

Cette excellente liqueur se prépare au mois de juillet, lorsque les noix sont encore enveloppées de leur peau verte et qu'elles sont assez tendres pour qu'on puisse les transpercer facilement avec une aiguille à tricoter.

Cueillez une vingtaine de noix vertes.
Râpez l'enveloppe dans une terrine puis écrasez les noix au pilon.
Mettez le tout dans un grand bocal de verre avec deux litres d'eau-de-vie, un clou de girofle et de la cannelle.

Gardez le bocal sur le bord d'une fenêtre pour que la préparation reçoive de la lumière et laissez reposer deux mois.

Filtrez alors le mélange avec un linge, ajoutez-y 200 grammes de sucre par litre, remettez dans le bocal et laissez reposer encore trois semaines.
Mettez en bouteilles et commencez à consommer.

Cette préparation a été enseignée par l'abbé S., titulaire d'un prieuré-cure près de Mirande et grand ami de la famille.
Il confectionnait cette liqueur avec les fruits d'un vieux noyer qui ornait le jardin de son presbytère (superbe demeure du XVe siècle), et lui attribuait toutes sortes de vertus médicinales.

Comme il aimait à se plaindre d'innombrables maux imaginaires, il s'en prescrivait de copieux traitements, ce qui ne l'empêchait pas d'être un des plus éminents spécialistes de la littérature latine du bas-empire.

L'abbé G. mourut fort âgé et gaillard jusqu'à son dernier jour.

Liqueur de coings

Comme la liqueur de noix, la liqueur de coings offre de nombreuses vertus médicinales.

Choisissez pour la préparer de beaux coings bien mûrs. Râpez-les et, dans une terrine, superposez une couche de fruits, une de sucre puis une autre de fruits.

Couvrez d'une assiette et lestez avec un poids bien lourd.

Laissez macérer au frais pendant deux ou trois jours, passez le jus dans une toile fine en pressant fortement à la main. Mettez-le en bocal avec 500 grammes de sucre par litre de jus, un clou de girofle, et de la cannelle.

Couvrez d'eau-de-vie en comptant une mesure et demie pour une de jus. Laissez reposer pendant un mois et demi sur le bord de la fenêtre.

Passez la liqueur avec un linge et mettez en bouteilles.

Liqueur d'angélique

Pelez 250 grammes de tiges d'angélique et coupez-les en petits morceaux.

Ajoutez le même poids de semence d'angélique et quelques amandes amères (ou quelques gouttes de concentré).

Couvrez d'un litre et demi d'alcool et laissez macérer un bon mois en remuant de temps en temps.

Préparez alors un sirop avec 1,2 kilo de sucre et un demi-litre d'eau.

Passez l'infusion et mélangez.

Mettez en bouteilles.

Pruneaux à l'eau-de-vie

Dans une terrine, faites gonfler un kilo de pruneaux dans une infusion de thé très forte.

Laissez tremper pendant 12 heures.

Égouttez les pruneaux, mettez-les dans un bocal et couvrez largement d'eau-de-vie avec un bâton de vanille.

Laissez reposer un mois.

Préparez un sirop avec 250 grammes de sucre et très peu d'eau.

Ajoutez-le dans le bocal.

Laissez macérer au moins trois semaines avant de consommer.

Prunes à l'eau-de-vie

100 prunes reines-claudes,
2 kg de sucre,
2 verres d'eau,
2 l d'eau-de-vie à 50°.

Laisser 1 cm de queue. Les piquer avec une pointe en fer. Les mettre d'abord dans de l'eau bouillante, les retirer avec une écumoire au fur et à mesure qu'elles surnagent. Les égoutter.

Préparer un sirop avec le sucre et l'eau.

Quand le sirop commence à perler, y jeter les prunes, leur laisser prendre un bouillon et verser le tout dans une terrine couverte pendant 24 h. Réchauffer le sirop, y replonger les prunes, leur laisser à nouveau prendre un bouillon.

Placer les prunes dans des bocaux, les laisser 24 heures.

Le lendemain, filtrer le sirop, le mêler à l'eau-de-vie. Verser sur les prunes, fermer les bocaux et attendre 6 mois pour consommer.

(Recette de Ginette Aumassip).

Alcool de chartreuse

1 litre d'alcool,
1 litre d'eau,
1 kilogramme de sucre,
8 grains de fenouil,
9 grains de coriandre,
4 grammes d'anis vert,
1 citron (pas trop grand) coupé en tranches,
500 centigrammes de safran,
5 centigrammes d'amandes amères coupées très finement.

Réunir le tout dans un bocal pendant 10 jours. Le remuer matin et soir. Filtrer, mettre en bouteilles.

Liqueur de feuilles de pêcher

(Pfersigbletter Likör)

1 verre d'eau-de-vie,
25 morceaux de sucre,
1 sachet de sucre vanillé,
1 litre de vin rouge,
120 feuilles de pêcher.

Les 120 belles feuilles de pêcher destinées à cette liqueur devront être cueillies entre l'Assomption et la Nativité (15 août - 8 septembre).

Une fois soigneusement lavées et séchées, placer ses feuilles dans un bocal et ajouter le sucre, le sucre vanillé et 1/2 litre de vin.

Laisser reposer, en secouant le bocal de temps à autre, pendant 40 jours.

Filtrer et rajouter 1/2 litre de vin et le verre d'eau-de-vie.

Déguster 8 jours après la mise en bouteille.

Vin de noix

(à préparer en juin - juillet quand les noix se coupent aisément).

20 noix,
1 l de vin rouge,
1 kg de sucre,
75 cl d'eau-de-vie,
5 clous de girofle,
2 citrons,
2 bâtons de cannelle.

Couper les noix en rondelles, les faire macérer 3 semaines avec l'eau-de-vie, le vin, le sucre, les citrons coupés en tranches et les aromates. Remuer tous les 2 jours.

Filtrer et mettre en bouteilles.

Attendre 5 à 6 semaines pour consommer.

Vin de feuilles de pêcher

(à faire en août - septembre)

une cinquantaine de feuilles de pêcher,
3 bouteilles de bergerac moelleux,
500 g de sucre,
1 grand verre d'eau-de-vie.

Mettre dans un grand bocal les feuilles de pêcher et le vin blanc. Boucher et laisser macérer 6 semaines. Filtrer, ajouter le sucre et l'eau-de-vie. Bien remuer à plusieurs reprises pendant 2 jours. Mettre en flacons et attendre 1 mois pour consommer.

Genièvre

2 poignées de baies de genévrier,
2 l d'eau-de-vie,
1/2 citron,
1 morceau de cannelle,
environ 500 g de sucre.

Mettre les baies à macérer dans l'eau-de-vie avec le citron coupé en rondelles et la cannelle.

Laisser macérer 1 mois à 6 semaines, passer l'infusion à travers un linge, y mêler un sirop à la dose de 250 g et un verre d'eau pour 1 litre.

Verser le tout dans un bocal et laisser macérer encore 1 mois dans un endroit tiède, de préférence ensoleillé.

Filtrer alors la liqueur à travers un linge de grosse toile ou un papier-buvard et mettre en flacons.

(Recette d'Isabelle Bureau).

Sirop de mûres

Nettoyez bien 8 livres de mûres.

Écrasez-les et ajoutez 2 litres d'eau.

Laissez macérer 24 heures.

Faites bouillir le tout quelques minutes puis passez au moulin.

Faites ensuite bouillir le jus pendant 15 mn avec 1 kg 1/2 de sucre.

Écumez et mettez en bouteilles bien propres et tièdes.

Bouchez et couvrez de suite.

Très rafraîchissant et pratique en hiver contre les maux de gorge.

La doucette

Une bouteille de bon vin blanc sec,
5 cuillerées à bouche d'eau-de-vie de fruit (poire ou mirabelle),
5 morceaux de sucre,
le zeste d'un demi-citron.

Bien mélanger.
Laisser macérer (macération 48 h).
Boire frais à l'apéritif.

Lait de poule

Mettre un jaune d'oeuf dans un grand bol, verser dessus en remuant bien le lait chaud.

Ajouter du sucre et éventuellement une bonne cuillerée de rhum ou de calvados.

Très efficace contre la grippe.

Le remède préféré de pépère Chefresne quand il avait chopé un rhume à la pêche.

Flip

Faire bouillir du cidre (du pur jus) dans une cafetière sur le coin du fourneau.

Ajouter une bonne rasade d'eau-de-vie et flamber immédiatement.

Le flip se boit chaud.

Un autre remède de pépère Chefresne contre la fatigue et le "hénu" (l'ennui, le cafard) !

Cerises à l'eau-de-vie

Mettre dans un bocal de belles cerises dont on écourte la queue.

Verser de l'eau-de-vie pour fruits dessus, de manière à les recouvrir.

Laisser macérer pendant un mois environ.

Au bout d'un mois, ajouter un sirop de sucre (600 g de sucre pour 500 g d'eau).

Laisser encore macérer pendant 3 mois avant de goûter.

Raisins à l'eau-de-vie

Cueillez de belles grappes de raisin (type malaga) un peu avant qu'il soit arrivé complètement à maturité.

Veillez surtout à ce que les grains ne soient pas éclatés.

Détachez chaque grain avec des ciseaux en laissant à chacun sa petite queue.

Posez les grains délicatement dans un bocal de verre, couvrez de deux litres d'eau-de-vie et laissez macérer pendant un mois et demi sur le bord de la fenêtre.

Préparez un sirop avec 150 à 200 grammes de sucre et très peu d'eau, ajoutez-le dans le bocal.

Fermez celui-ci hermétiquement et renversez-le plusieurs fois pour mélanger l'alcool et le sirop, en procédant délicatement pour que les grains ne soient pas écrasés.

Laissez reposer encore quinze jours avant de consommer.

Bière de ménage

Faites bouillir d'une part 375 g de houblon, et d'une autre part 1 l d'orge ; passez le tout dans une grosse passoire puis dans une passoire plus fine. Faites fondre dans l'eau chaude 1 kg de cassonade, ajoutez 1 coquetier de caramel pour colorer le liquide et pour 15 centimes de levure de bière (30 g) à faire dissoudre dans l'eau. Le tout étant passé, mélangez les liquides, mettez ceux-ci dans un tonneau à bière dont la contenance est de 34 à 40 l et remplissez le tonneau avec de l'eau claire. Laissez fermenter 24 h puis bouchez le tonneau.

Cinq jours après, mettez en bouteilles, ficelez celles-ci.

Thé de feuilles de fraisiers

Faites sécher les feuilles à l'ombre puis passez-les au four. Froissez-les pour les briser et conservez-les dans un vase hermétique (rappelle le thé de Chine).

Ce que contient une cuillerée à soupe de...

1 cuillerée à soupe contient :

2 cl de liquide
20 g d'eau
18 g d'huile
25 g de riz
15 g de semoule
15 g de vermicelle
10 g de farine

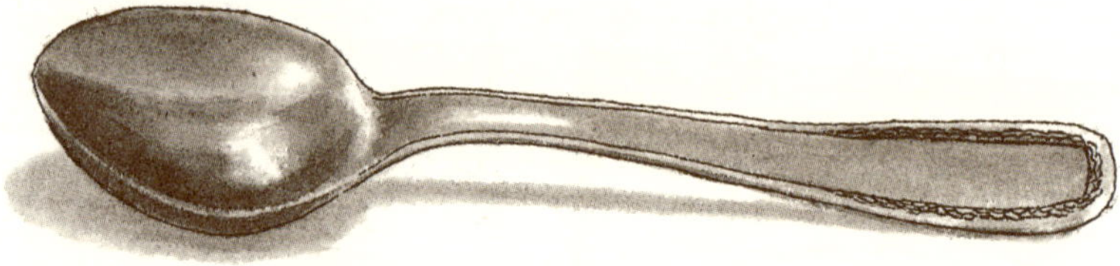

1 cuillerée à café contient :

5 g d'eau
4 g d'huile
2 g de sucre

Un verre d'eau ordinaire contient 10 cuillerées à soupe et 40 cuillerées à café.

trucs et tours de main

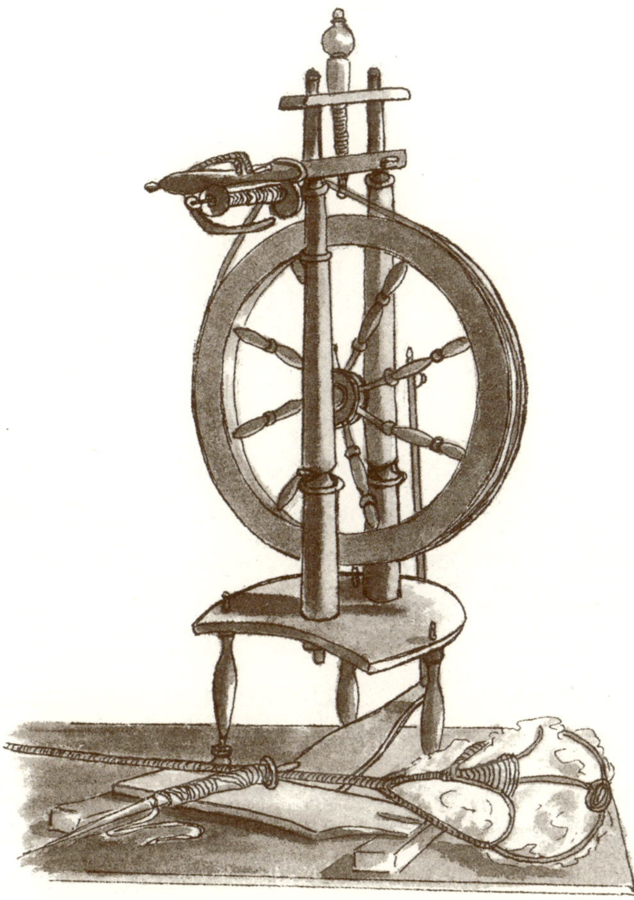

Toujours blanchir de 5 à 10 min les choux avant de les cuire.

Ne jamais mixer les potages qui contiennent des pommes de terre : préférer le moulin à légumes.

Pot-au-feu :

La viande est plus savoureuse si elle est plongée dans l'eau bouillante.
Au contraire, pour avoir un bouillon de haut goût, mettre la viande (ou simplement des os) à l'eau froide.

Pour qu'un rôti de porc soit savoureux et bien blanc, le frotter de gros sel la veille de la cuisson. Avant de le mettre à cuire, le tapoter pour enlever l'excès de sel.

Les épinards seront meilleurs s'ils cuisent à feu vif avec seulement deux cuillerées d'eau, car il reste toujours de l'eau sur les feuilles qu'on vient de laver.

Pour éviter les grumeaux lorsque l'on veut faire un roux ou une béchamel, verser toujours d'abord au moins la valeur d'un verre de liquide froid sur le mélange beurre farine.

Les sauces au vin gagnent à recevoir un morceau de sucre.

Pour les tartes à fruits très aqueux (fraises, prunes, etc), deux moyens :

— faire cuire la pâte sans garniture. En ce cas, mettre un papier sulfurisé sur la pâte et la remplir de légumes secs, de noyaux ou même de cailloux le temps de la cuisson.

— préparer un mélange fait de cinq cuillerées de sucre en poudre, un jaune d'oeuf, une cuillerée ou deux de lait, et tartiner l'abaisse de pâte avant de disposer les fruits.

Pour flamber une préparation avec du vin ou un alcool, chauffer d'abord le liquide.

Pour la confection d'une omelette, ajouter une cuillerée d'huile dans les oeufs avant de les battre. Couvrir la poêle en fin de cuisson et arrêter le feu.

Pour attendrir vos viandes de pot-au-feu, ajouter à mi-cuisson deux cuillerées d'eau-de vie à 40°.

Blanchir les lardons salés avant de les cuire pour les dessaler un peu.

Eteindre la hotte d'aspiration avant de flamber une préparation : vous risqueriez un incendie.

Glace artificielle

Au défaut de glacière, voici un procédé qui permet d'obtenir facilement et rapidement de la glace sans appareil spécial.

Dans un vase en grès rond de préférence et assez gros pour en contenir un de moindre dimension, vous placerez un mélange composé de 2 parties d'acide sulfurique contre 1 partie d'eau, auquel vous ajouterez une quantité de sulfate de soude en poudre, représentant une fois et demie le poids du précédent mélange. Le second vase doit être en verre ou en tôle émaillée ; vous le mettrez au milieu du premier en ayant soin au préalable de le remplir d'eau pure, puis vous recouvrirez soigneusement le tout. Il est bon de faire cette escpérience à la cave ou dans un endroit frais.

Au bout de 15 min l'eau se trouvera transformée en glace. Si cela ne suffit pas vous n'aurez qu'à renouveler l'opération jusqu'à ce que vous ayez obtenu la quantité de glace voulue.

Beurre rance (pour le rafraîchir)

Laver la motte de beurre avec de l'eau dans laquelle on a fait dissoudre 15 g de bicarbonate de soude pour 1 kg.

Malaxer, pétrir convenablement; laisser 2 h en contact avec le liquide susnommé, pétrir de nouveau dans un courant d'eau pure. Le goût de rance aura disparu, car le bicarbonate de soude neutralise l'acide butyrique formé sous l'action de l'air, et le lavage entraînera le butyrate formé.

Savon

2,5 kg de corps gras,
6 l d'eau,
400 g de soude caustique,
500 g de résine,
150 g de blanc d'Espagne,
250 g de talc,
300 g de lessive.

Mettre tout ensemble dans l'eau, hacher la suif (la soude la dissout).

Cuisson 2 h.

Table des Matières

Les soupes et les potages

Les Hors-d'œuvre et salades

Coquillages, crustacés, poissons

Les Viandes

Les Volailles

Les Sauces

Les légumes

Pains, pâtes, galettes

Avec du fromage

Les crèmes et les desserts

Les tartes et gâteaux

Confitures

Conserves

Mignardises et douceurs

Vins, liqueurs, boissons

Trucs et tours de main

Cet ouvrage a été imprimé et relié en France par l'imprimerie Pollina, Luçon (85) - n° 91378
ISBN : 2.737325338.2 - Dépôt légal : mai 1999
N° d'éditeur : 3926.12.09.10.03